幻想の公衆

THE PHANTOM PUBLIC

リップマン

ウォルター・リップマン［著］
Walter Lippmann
佐々木孝夫［訳］
Takao Sasaki

一藝社

THE PHANTOM PUBLIC
By Walter Lippmann

The Phantom Public.
With a new introduction by Wilfred M.McClay
Transaction Publishers 1993

Originally published in 1927 by The Macmillan Company.

ラーニド・ハンドへ

「民の声は神の声、と言われてきた。だが、一般にこの金言は、実際には事実に反するものとして引用されてきたのであり、またそう考えられてきた」

——一七八七年六月一八日の連邦議会でのアレクサンダー・ハミルトンの発言
（イェーツによる。S・G・モリソン編『アメリカ革命解説資料集』）

「常套句としての『世論による統治』を検討してみよう……。見事な常套句だ。だが、この常套句では世論というものの存在が想定されているだけでなく、どんなに特殊な問題も世論によって即座に決着をつけうる、と想定されている。民主政治における最高の政治家は世論だと想定されているのだ。だが、民主政治の欠陥は多くが、世論が必ずしも偉大な政治家ではないことに起因している」

——グレイ・オブ・ファラドン子爵の一九二三年一一月三日の講演
「市民生活についての考察」より

幻想の公衆　リップマン

目次

第一部

第二部

第三部

凡例

・本書は、Walter Lippmann, *The Phantom Public.* with a new introduction by Wilfred M. McClay (Transaction Publishers, 1993)の翻訳である。
・本文に〔 〕で入れたのは、訳者の補足である。
・原語について、ルビや（ ）を使い、示している部分がある。
・引用文に既訳などある場合は、そのまま使用した箇所もあるが、訳者なりに手を入れた箇所もある。
・本文に現在では、差別的な表現など、配慮すべき用語、表現があるが、原著の表現のまま訳している。また、明らかに原著者の間違いと思われる単語、表現についてもそのまま訳している。

幻想の公衆

リップマン『幻想の公衆』トランザクション社版への序文

ウィルフレッド・M・マクレイ

一九七四年にウォルター・リップマンが亡くなって二〇年近くになるが［一九九三年現在］、リップマンその人と数々の著作が、輝きを失ったとか、忘れ去られたなどとは決して思えない。それどころか、偉大なジャーナリストの初期の進歩主義《プログレッシブ》の宣言である『彷徨と会得《えとく》』（一九一四年）、現代デモクラシーにおける情報伝播《でんぱ》のジレンマを鋭く洞察した『世論』（一九二二年）に始まり、デモクラシーの欠陥を診断し治癒《ちゆ》を試みた後期の『公共哲学』（一九五五年）に至る数々の著作は、すべて廉価版を容易に入手でき、今日もなお多くの人に読まれ、さまざまな分野で重要視されている。さらには、リップマンと職業上重要な接点を持つ同時代の知識人ラインホールド・ニーバー

（米国の自由主義神学者）やジョン・デューイ（米国の哲学者）について、最近書かれた、示唆に富む重要な伝記がそうであるように、一九八〇年にロナルド・スティールが著し、高い評価を得たリップマンの伝記と、ジョン・モートン・ブルーム（米国の政治学者）によるリップマン書簡選集は、リップマンその人と著作すべてに、人々の関心をさらに高めた。[1]

このような関心の高まりから、リップマンの数々の優れた著作がトランザクション社から復刻される運びになったことは、歓迎すべきことである。本書の復刻によりリップマンの業績をめぐる知的論戦が一層幅広く行われるようになっているが、それが今後もしばらく続くのは間違いない。実際、リップマンの著作の重要性と影響力は、低下することなく、今後も一層大きくなると思われるが、そう信じるに足る理由がある。米国人が大衆民主主義を実践し、その可能性や問題点と格闘し続ける限り、現代米国のデモクラシーに対するリップマンの果敢な批判は、今日行われている議論の知的水準を測る試金石として重要性を増していくだろう。なぜなら、現代社会における議論で「エリート主義者」という軽蔑的な言葉が切り札としてあまりにも使われすぎ、議論が終わってしまうことがあっても、彼の思想は重要な指針となるからである。フランシス・フクヤマはリベラルデモクラシーに取って代わるイデオロギーが完全に消滅してしまった、と主張していたが、——その主張は、たとえ正しいとしても、せいぜい一時的状態に過ぎないのは確かだが——、デモクラシーの病理を自覚するなら、絶えず自己批判し続ける必要性があるだろう。[2]『幻想の公衆』に見られる、デモクラシー神話への否定的で悲観的見解が、主流となっている世論を変えるとは考えられず、そのような展開が現実となりそうにないのは明白である。だが、彼の見解は、他のものとは違う極めて重要な代替選択肢であった。そして、少なからぬ共感を呼び、米国史上、先駆的な意見でありつづけている。歴史家のダニエル・ウォーカー・ハウが指摘したように、リップマンは多くの点で米国ホイッグ党の知的伝統を、正統に踏襲するものとみなせるだろう。[3] また、『幻想の公衆』の最初の巻頭句は、〈民の声は神の声〉という格言を揶揄《やゆ》したものだが、アレクサンダー・ハミルトンの反民主的な懐疑論を想起させ、合衆国憲法を起草し、その制定に取り組んだ多くの欧州大陸型の懐疑主義者が抱いていた反民主的な懸念といった、知識人の影響までをも示唆しているかのようだ。[4]

このような歴史的な連続性だけでは、リップマンの偉大さを説明するには、十分な論拠とならない。しかし、彼の著作の多くが現代の問題とも驚くほど関連性を持っており、そのことこそが、彼の重要性を示す根拠と言える。『幻想の公衆』から引き出す文章は、その文脈から切り取っても、そのまま現代の偉大な米国の新聞の社説面に、違和感なく再掲でき、［例えば］その文章を盗用するような大胆な人物がいたとして、その文章は、ピューリッツァー賞を獲得できるかもしれない（例えば、本書の最初の章「幻滅した人」という文章は、まるで一九九二年頃の米国の有権者が不満を述べているように思われるし、投票を棄権する様子を容易に想像させる）。またリップマンに、利己的エリート主義者、保守的な変人、隠れ正統主義者などという、侮蔑的非難もでていたが、彼の冷静で鋭い分析力、［事実より］見込みに基づく姿勢を徹底して退ける態度は、それらをも許さないものである。『世論』を読んだ人ならこう断言できよう。リップマンはステレオタイプや大量伝達手段《マス・メディア》による宣伝に関する考察をしたのだが――まだラジオが揺籃《ようらん》期で、テレビは空想の世界でしかなかった時代――、それに対し、その後七〇年間の著述家は、正真正銘の三文文士ばかりではなかったか、と。これらのメディアがフル稼働している状況を目の当たりにできる強みがありながら、考察をほとんど先に進められないでいるからだ。

リップマンが、その懐疑的態度を最も明確、強烈、かつ声高に表現し、結晶化させたのが『幻想の公衆』だが、それが本書をより一層重要な著作としているのは間違いない。だが『幻想の公衆』がすぐに絶版となり、今日［一九九三年］に至るまでその状態が続いたのも、まさにそのためだったろう。H・L・メンケンのような、滑稽本の名手がデモクラシーや世論に対して侮蔑的な発言をしても、受け入れられ、喜ばれさえするのだが、リップマンのような高潔との誉れ高い、影響力のある人物から、このような［強い］懐疑論を聞かされるのは、まったく別問題なのである。リップマン自身、出版する前に、本書には予期せぬ運命が待ち受けているのではないかと、危惧するようになっていた。こうした懸念にもかかわらず、有識者にも一般読者にもきわめて好評だった『世論』を、より簡潔、より一般向けにした続編として、『幻想の公衆』を著した。だが、リップマンは『幻想の公衆』で、一層辛辣で手厳しい主張をすることで、自分が窮地に陥るのではないか、自分が「ニュー・リパブリック誌の旧同僚から異端審問を受けるのかもしれない」[5]のではないかと、心配さえしていたようだ。

［結果的には］このような当座の不安が現実となることはなかった。事実、〈リップマンは心情的な許容範囲を超えた〉とまで厳しく指摘したのは、一握りの書評家だけだった。［例えば、］ニューヨーク・タイムズ紙には、「リップマンは、見境なく批判する」ことで「自説を誇張させた」との批評が掲載され、ニュー・ステートマン誌は、「期待外れ」[6]の書と、一蹴した。しかし、そのような批評が一般的なものであったわけではない。ロナルド・スティールは、『幻想の公衆』の受け止め方は極めて否定的だったと評価しているが、それは受け入れ難い（ロナルド・スティールは、

本書の価値に次のような評価を下したが、この方がより的確なものと思われる)。

> その〔本の〕主張がたとえ暗澹《あんたん》たるものだとしても、もっと耳を傾ける価値があるはずだ……大半の評者は同書が悲観的なものと思い、失望を感じた。『幻想の公衆』はすぐに絶版となり、その後の数年間でほとんど忘れ去られたも同然となった。リップマンが最も力強く論じ、洞察に富んだ著作の一冊であるのを思うと、このように顧みられなくなったのは残念である。同書でリップマンは、伝統的なデモクラシー論にある不備に正面から向き合うようになったのだ。[7]

それどころか、『幻想の公衆』の力と重要性を示す最高の証拠は、ジョン・デューイがそれを真剣に読み、ニュー・リパブリック誌に論評が掲載され、その内容に深い尊敬と称賛をもって評価したことである。同書から大いに刺激を受けたデューイは、それに反論を加えるべく、『公衆とその諸問題』(一九二七年)の執筆にとりかかった。本書は、デューイが民主主義に対して力強く持続的な擁護を行った著作となった。[8]

蓋を開けてみれば、『幻想の公衆』について今日なされている評価の多くは、スティールによる回顧的な評価と同様、極めて好意的であり、絶賛している。また、ハロルド・ラスウェルも本書の「説得力と力強さ」を称賛している。別の批評家は同書を「優れた業績であり虚偽に果敢に挑む英雄的な著作」と表現し、「政府の欺瞞《ぎまん》的な政策を撃破し、皮相的な政治的議論を論破する人物」と呼んだ。さらに別の評論家は次のように述べた。

『幻想の公衆』は、『世論』と同様に、米国の政治思想の現代的な古典の一つとなろう。その魅力的で類い稀《まれ》な文学性を楽しむことだけを目的としてでも、何度も読み返される本となるだろう。

有力な上院議員のウィリアム・E・ボーラは、ニューヨーク・ワールド紙に寄せた文章で、「一七八九年に取り掛かった事業〔米国の連邦の諸政治制度の創設〕を成功に導こうとするならば、どれほど膨大な課題が私たち国民に立ちはだかっているかを気付かせてくれる、類い稀な書物の一冊である」[9]とまで評している。これほど好意的な評価を受けたにもかかわらず、『幻想の公衆』が幻のように公衆の眼前から消えていたのは、実に不可解な謎である。最も分かりやすい回答が、唯一もっともらしい答えかもしれない。同書が突きつける課題、そしてその課題が現実政治の上で引き起こす影響が、同書の熱烈な支持者でも、直視し続けるにはあまりにも不快だったからだろう。あるいは——少なくともジョン・デューイほどの洞察力を身に着けていない者には——、そのような状況に直面し続けるのが難しかったから、ということであろう。

したがって、リップマンが『幻想の公衆』を著した意図を探る出発点については、デューイとの論争が役立つが、それも偶然でない。結局、進歩主義派の社会改革の構想で最も重要なのは、「公衆・公共《パブリック》」概念であった。特殊利害を抑制する努力は、進歩主義《プログレッシブ》の改革を度々活発化させたが、その取組は常に「公共《パブリック》の利益」の名の下で行われた。たいていの場合「一般公衆《the public》」〔公衆とする〕というものが存在しており、その「利益」は明確にできるとの前提に立っていた。「無私」

という言葉は、進歩主義的な社会思想において、今日あまりにも頻繁に誤解され、誤用されているが、強力な倫理的、ほとんど宗教的といっていい意味合いをもっていたのである。進歩主義の語彙の中で、「利益」［例えば利益団体］という言葉ほど、否定的な意味合いを持つ単語は他にないためである。［社会問題や不正義を暴露し、腐敗を追及する］マックレーキング・ジャーナリストは「利益」という言葉を過剰なほど好んで用いるが、その言葉はスタンダード・オイル社や、他の「トラスト」［独占企業］に特有な金権体質や、私利的集団を表すだけではない。「利益」という言葉は、個人主義や排他主義、利己主義、社会的不平等の拡大といった、より深い意味で「利益」という言葉の有害な価値観を表すようになってきた。政治的民主制という米国の偉大な試みを失敗させる恐れのあるもの、そのすべてを意味するようになった。[10]

「無私」は、自分は「望む」ということと対照的な考え方を表しており、公共の利益の原則に共に従うという考え方である。これは、理論的、実践的な専門知識の純粋な理想であり、急成長している新しい研究中心の大学で教育を受け、啓蒙された「新中間階級」によって、誠実かつ公平に、私心なく実行されるべきものであった。このような立場にある新知識階級は、急速に成長している（科学的、実践的知識を学べる）大学で学び、公正かつ合理的秩序をもたらすために必要な知識に精通しているだろう。このような新中間階級は目先の自己利益の追求に囚《とら》われたり、古典的自由経済論者の誤った個人主義に縛られたりすることはない。そうではなく、自己統制や専門家組織の合理的自治（自律性）、また公共の利益を認識し、公共の福利を推進する、健全な社会的利他主義に向かうだろう。

科学の理念は、デューイにとってだけでなく、リップマンにとっても重要であった。科学は本質的に人を差別待遇したり、検証不能な権威を尊重したりしないから、デューイは、科学には民主的精神が本来的に備わっており、科学とデモクラシーは極めて相性がいい、と考えていた。だが、実際には、非常に相性がいいのは結局、ある種の権威だけであった。[11]

〔彼に近い立場の〕デューイ派の図式の中においては、科学とデモクラシーを結びつける鍵は、「公共」という概念が収束と相互作用の理想点ということであった。政治的民主制を通じて明確化され、科学的知識の無私な手助けによって解明される、「公共の利益」というものの特徴が想定されていなければ、政治的、社会的思想に関する革新主義者の論調で最も重要な倫理的核心部は、崩壊するだろう。公共と呼ばれる何らかのものは存在するはずであり、個人的利益と異なるという識別可能な利益を、他の構成要素と区別できるものとしなければならなかった。社会科学にはそれを明らかにする能力があるだけでなく、公共の利益がなぜ自分たち自身の利益でもあるかを、市民に示す説得力をも持ち合わせている、というのだ。

リップマンは若い頃、そのような考え方に固執していた。熱烈なデモクラシーへの信奉の時期の後に、科学的理念が文化的権威の基礎となることを論じた書物を著した。それらの著作では、『彷徨と会得』が最も説得力を有している。この同書の標題の言葉は、厳しいジレンマに直面する時代を象徴する言葉に変わっていった。[12] しかし、リップマンの知性は留まるところを知らず、事象の流れを常に注視し、あっという間に初期の著作の枠を超えていった。また、特にウィルソン政権の当時、強引な国内向けプロパガンダがなされ、市民の自由を制限し戦争への広範な公共の支持を強制したため、第一次世界大戦に革新主義勢力は幾度も失望を感じた。それを契機に、リップマンの民主的統治と科学的精神の関連性についての見解は劇的に変化した。『世論』においてリップマンは、現代の大衆民主主義の中にあって市民は、マス・メディアが作り上げたステレオタイプをそのまま鵜呑みにして決断を下しているとし、専門家の役割に注意を向けた。つまり、公衆への情報の流れを制御、調節して「市民の頭の中の図式」を、少数の専門家だけが正しく理解できる、現実に即した図式とするため、情報の流れのプロセスに専門家を入れる必要がある、と主張しているのである。[13] 戦時中、クリール委員会［国内世論誘導のため設立］が国内に向けて流したプロパガンダは、世論がいかに驚くほど変わりやすく、操作されやすいかを、リップマンに知らしめたのだった。この問題を解決する賢明な唯一の方法は、それを理性により統制することを強く主張するのを試みるだけであった。

だが、一九二五年までにリップマンの懸念は、かなり深刻になっていた。『幻想の公衆』の冒頭の数頁は、ヘミングウェイやフィッツジェラルドのような一九二〇年代の戦後知識人の幻滅の表現方法を反映している。リップマンは第1章「幻滅した人」が幻想から目覚めて考え直す様子を、あまりにも鮮やかに表現している。それはある意味、リップマン自身を描写しているように見える。また、リップマン自身の幾分批判的で悲観的な「改革からの離脱」を表明しているようにも見えるのである。

> 以下、政治的ロマンティシズムの時代を生き抜き、陳腐化した熱い政治スローガンに突き動かされることも感情に押し流されることもなくなった、私人としては、公的な事柄での自分の役割は、単なる見せかけに過ぎず、つまらないもの、取るに足りないものに見えてくる。そうなると、公的サービスや市民の義務について率直に語られても、目の

前で旗を振られても、ボーイスカウトを差し向けられて投票を勧められても、動かされない。何か変えようとしたものの、果たせずに帰京した十字軍の兵士のような存在なのだ。泡沫のように現れては消える〈出来事〉に、あまりにも頻繁に翻弄されるのを見てきたのである。[14]

しかし、リップマンの姿勢《ムード》の変化は、『幻想の公衆』に見られる以上に大きいものだった。デモクラシーの限界についての実質的関心も、同様に変化していた。彼は、平均的有権者に統治能力があるなどとは、とても信じられなくなった。リップマンが「全能《オムニコンピテンス》の市民」「全権を有する統治者たる国民」と呼んだデモクラシー神話は擁護しえないものとなったのだ。今や公衆というものなどまったく存在しないと思われるようになった。[15] 公衆と呼ばれたものは「幻想」に過ぎなかったのである。影響力を持つ真の公衆が存在するならば、それは状況に応じ、操作的に、単に「問題に関心を持つ人々」と定義されなければならない。かつてリップマンは確信をもって、こう語っていた。——専門家の重要な申し立ても、厳選していかなければならない、と。重要な相違は、専門家か素人ではなく、［事情に通じた］「当事者」か「部外者」か、特定の事柄や状況について、直接的な知識を持つ人と、そうでない人々の違いにあるのであった。

本書でも、また『世論』でも、リップマンは、デモクラシーの甘い感傷的傾向に厳しい批判を向けていただけではない。その批判は、［政治的統一体としての］「国民・組織《ボディ・ポリティック》」という欺瞞的用語で語られる、あらゆる全体的、組織的政治概念にまで拡大され、進歩主義政治の核心に向けられていた。さらには、統一体としての活動というモデルに基づく政治的な意思決定を、調整し直そ

うとしていた。この新しい「進歩主義後の現実主義と多元主義の考え方」の中では、

人々は共通の目的の担い手であるとの虚構は否定されている。何ら躊躇《ちゅうちょ》なく、本心から、人々は特定の目的の担い手とみなすことができる。人はそれぞれの別の特別な目的を持つ他の人々と、同じ世界で生きていかざるを得ないのだ。社会には調整が必要であり、最良の社会とは、人々が最大限、目的を実現できる社会である。他者の目的に対して自分の態度を明確にする時、人は公衆の一人として行動しているのだ。[16]

一般に、民主的社会の意思決定で重要なのは、相互に関連する複雑な現代社会が抱える問題を、市民が正しく評価し、対処できるよう、情報を継続的に提供する方法を見出すことである。しかしリップマンは、公民の教科書に決まり文句のように書いてあるこのような考えには、あまり期待していなかった。リップマンは、「デモクラシーの機能不全を、教育によって改善するとの主張」があるが、その類はみな「不毛だ」と断言している。[17] この考えの下で学術書を著したポローニアスでさえも、たとえ最良の条件下でも、「市民が公共問題に割く時間は短く、事実関係には通り一遍の関心しか持たず、理論への欲求は乏しい」ことに気付いていなかったようだ。ブルックリンの地下鉄の維持費から、スーダンでの英国の利権に至るまで、あらゆることに真剣に注意を向けるのを義務と考える頑張り屋の市民がいたとしても、結局「一度に三本の骨を舐《な》めようとする子犬のように、途方に暮れる」ことになるだけだろう。市民が「常に、あらゆる事柄について、すべてを知っていることなど不可能なのであり、一つの事に注意を向けている間に、別の千

もの事柄が大きく変化してしまう」[18]のだ。全能《オムニコンピテンス》という考えは、達成不可能な理想、「デモクラシーの神秘主義的誤信」、有害な錯誤であり、その上、失望を招くものだというのである。[19]

　このような見解にとどまり、先に進むことがなかったならば、リップマンはエリート主義者と非難され、顧みられなくなっていたに違いない。しかしリップマンには、さらに主張したいことが沢山あった。もし一般市民が、ジェファーソンからブライアンに至る米国デモクラシーの伝統とは逆だが、すべての事柄を判断する能力を生来、有しているが、特定の専門的な教育や訓練を受けていない状態で知識や判断力がなかった場合、専門家も一般市民と同様に完全な判断力を持っているわけではない、というのがリップマンの主張であった。相互に関連している現代世界、〈大社会《グレートソサイエティ》〉（英国政治学者グレーアム・ウォラス）は、誰にも把握できないほど、専門家にも把握できないほど複雑な社会である。[20]専門家の意見は、何か特定の問題や課題に限って信頼できるものであり、それ以上のものではない。政治形態や経済を包括的に理解し、調整しようとするのは、〈群盲象をなでる〉との諺と、さほど違いがない。専門家の限定的で特殊な知識によって、広範囲の地図や全体の構造を正確に推定したり、写し取ったりすることはできない。リップマンは、「社会の営み」をこう説明する。

> 指導的立場にある人が、鋤《すき》で耕したり植えたり、組み立てたり壊したり、あれとこれを合わせ、あちこち行き来し、AをBに変え、BをXからYに移動させるといった、数えきれない具体的な活動を行うことによって、社会は営まれているのである。

このような仕事は「交換や契約、慣習、暗黙の約束といった極めて複雑なメカニズム」によって規定されており、本来すべてが、極めて特殊なものである。何か一つの権力［機関］がこれらの問題をすべて管理しようとするのを許すのは、極めて無謀なのである。

だが、このような権力を世論に委ねるのは、一層ひどい誤りであり、悲惨な失敗か、さもなければ確実に徹底的な専制を招くのである。[21] その理由は単純である。国民主権がまったくの虚構だったからだ。標準的なデモクラシーの理論は、「政府を機能させること」は「国民の意思」と別個のものである、ということを認めようとしなかった。国民の主権とは、秩序ある統治のための良識的な根拠として、個々の決定を承認するよう、採決の場に国民全体を置く必要がある、というに過ぎない。厳密に言えば、公衆は自分たちの意見を表明しはしないのである。公衆は人物や提案に対して賛否の立場を示すだけである。「民意」は一致協力して選択肢を示すことにより、強硬な専断的勢力に反対すべく、時に介入するに過ぎない。

リップマンは、世論が積極的に活用されるのは、主に危機的状況にある場合と考えていた。これは、徹底的に余分なものを削ぎ落とした上での、世論の役割に対するリップマンの期待が、本来いかに控えめだったかを表している。世論は「問題が危機的状況にある間は、危機的状況を収拾できそうな人物の行動を支持するよう、人々を連携させる」[22] ものである。この定式に、正義、正当性、究極的価値といった抽象的な問題がまったく織り込まれていないのは明らかである。無数の競合する諸部分・諸勢力からなる政治社会というイメージであり、その統治の目標は、平和と秩序を最大限維持することとされる。まるで軽業《かるわざ》曲芸のようなイメージ［バランス重視］である。秩序と正当性は、事実上、相互に置き換え可能な言葉といってよい。世論は、アピールの最終的審判者としてのみ有用なのであり、政府が紛争を解決したり、社会的、政治的軋轢《あつれき》を回避したりする力を使い果たした時にのみ有用なのである（リップマンは、選挙すら内戦の昇華した形態に過ぎず、多数決原理は暴力と同じ類いのもの、と断じた）。現代政治の目的《テロス》は、競合する利害の間に実現可能な「暫定協定《モーダス・ヴィヴェンディ》」を築くことであり、したがって、人々を取り巻く環境と、人々の［貧弱な］政治的能力を架橋しようという前近代的（および進歩主義的）考え方は、もはや通用しないように思われる。[23] リップマンの推測では、現代のあらゆる政治的、経済的考察が、将来「深遠な多元論」に陥るのは避けられない状況にあるというのだった。[24] リップマンは、政治思想家は「多様性を吸収できる統一体を見出すことなど、もはや期待」すべきではなく、「目的の一致を探る」よりむしろ「目的の調整」によって決着をつけるべきだと力説した。[25]

　このような主張が示しているのは、リップマンがチャールズ・ビアードやオリヴァー・ウェンデル・ホームズ、ソースティン・ヴェブレン、ジョン・デューイなどの世代の、啓蒙的な反形式主義に、いかに強く関係していたかを示している。[26] 例えば、権利と義務についてのリップマンの考えは、［オリヴァー・ウェンデル・］ホームズ風（現実主義・非形式主義）であり、「現実的」である。権利とは、「ある種の行為は、国家の組織的力により支持されるという約束」であり、義務とは、「他者の権利に対する尊重を怠ると、罰せられる場合があるという約束」である。これらの概念が自然や神の意思に根拠を求める必要があるという固定観念は、「無意味な幻想に過ぎない」とされた。[27] だがリップマンは、自身の反形式主義的な信念を新しい領域に持ち込み、個人をその社会的結びつきから引き離した。リップマンは、進歩主義的な一元的「公共」概念を、情け容赦なく、さまざまな意味合いの構成要素に粉砕することにより、ポスト進歩主義以降の政治概念への道を開いた。

それは、政治を「現実的な」プロセスとして捉え、政治が個別利害に基づくことを公然と認める多元主義《プルーラリズム》を採用すべきだというものである。ハロルド・ラスウェルが一九三六年に著した『政治』の副題〔邦訳では「動態分析」〕にある「誰が、何を、いつ、そしていかにして」に見られるように、「公共の利益」という考えよりも新しい政治概念である。言い換えると、公共政策とは「政府に対する『効果的な要求（要求が功を奏したもの）』」に過ぎないという、E・E・シャットシュナイダーの辛辣な意見や、サーマン・アーノルドの政治的原則や価値に関する公的の議論は、関心の冷めた結論であり、神話や「呪文」と大差ないものであった。[28]

デューイは、リップマンの色濃くなる悲観論（及びその影響の増大）に対し、敬意に満ちてはいるが率直な反論として『公衆とその諸問題』を著し、米国市民宗教の核心にある、デモクラシーの約束というものを擁護した。[29] 同書は、公衆は幻などではなく、確かに実在するのだが、今は「輝きを失っている」だけだ、という信念を断固として貫いている。「一般公衆」をめぐる主な問題は、人々がそれについて十分意識しているか否かはともかく、現在共通のシンボルが欠如していること（デューイの言葉によると「組織化された公衆の形成のための知的手段の欠如」）と、「人々を行動で結束させる」紐帯、「数多くの、強固で繊細な」結びつきが、コミュニケーションに不足していることにある。デューイは、こうしたものがなければ「一般公衆は非現実的で実体を欠くものであり、突然自らを探し求めたりはするが、本質を捉えることはできず、その影を追うだけである」と認めている。

「〈大社会《グレート・ソサイエティ》〉が〈大共同社会《グレート・コミュニティ》〉に変わるまで」「一般公衆の輝きは失われたままになる」とデューイは書いている。[30] リップマンの懐疑論に対する、デューイのこの反応は、問題に決着をつけるには抽象的にすぎ、妙に理想主義的な言い回しとなっている。同年リップマンは、「実業家が多少無意識に、無計画に行う活動の方が、進歩派の理論よりも奇抜で、大胆で、ある意味で、より革命的な場合がある」[31]と述べている。デューイ派の知識人に対する非難で、これ以上侮辱的なものはないし、ハーバート・クロリーとニュー・リパブリック誌に対する背信行為として、これ以上大胆なものは想像できない。

『幻想の公衆』に始まる一連の論争は、その後の十余年にわたって繰り広げられた。一九二九年までには、進歩主義を脱してからのリップマンの態度は一層強固になり、それは著書『道徳序言』(一九二九年)に実を結んだ。同書はベストセラーとなり、月例図書選考会によって選定図書とされた。この重要な著作は、リップマンが十五年ほどにわたり積み重ねてきたのと同じ重要な主題を反映し、再説したものである。「現代性の酸」によって伝統的権威形態が蝕《むしば》まれていること、またそれに代わる物を見出すのが困難なことである。デューイにとって非常に重要だった科学の文化的権威にすらリップマンは、疑問を付した。一つは、アインシュタイン物理学の相対性理論(リップマンは、デューイの哲学的方法の基礎をなしているダーウィニズムは、今や「時代遅れになった」と断言した)によるものだった。相対性理論に、物質世界全体を人間の内的世界と同じ基準で測ることはできないことを示した。人々は当惑していた。また一つには、科学には本来限界があるとの認識が広まったことも一因である。[32]

後者の点についてリップマンは、チャールズ・パースによる科学的事実の社会的構築に関する研究から始め、次に、反形式主義者の科学的能力のそのものに照準を当て、手厳しい結論を出した。「科学により何かが『証明された』と言う時、実際には自分の好奇心が満足させられたと言っているに過ぎない」と。科学が進歩するに伴い、科学的説明は、「現実を説明するものとして、単純に受け止めうる、信頼できる図式を何一つもたらさない」のであって、「科学自体の進歩によって直ちに取り消される、仮想的な劇的表現［暫定的な筋書き］」に過ぎないと分かってきた。科学は、「洗練された隠喩《いんゆ》の束」に過ぎず、把握しえない現実にさまざまな形で適用される。したがって、「科学的唯物論」信仰は、「世界をありのままに説明するものという見せ掛け以外、何ら内容がない」、というのがリップマンの結論である。つまり、科学的説明は、「一般的な宗教のように、実存の在り方の手がかりのようなものを人々に与えることはできない[33]」のだ。『道徳序言』は道徳への序論となるものだが、初めに道徳原則についてのあらゆる科学的発見の検証となるものを阻止していた。要するに科学は、いかに生きるかは、教えられないのである。

他のすべての支持が揺らいでいる中で残されるのは、人生という現象から生ずる「ヒューマニズム」に付随し、個人の意思の浄化と自制へと向かう「無私《disinterested》」の原理そのものだが、それは極めて禁欲的な理解だと、リップマンは考えていた[34]。

「無私の理念」は、「現代社会に不可欠」だと、リップマンは断言する。彼は無私の理念を「現代の道徳的混乱を解決」しうる唯一の方法と考えた。実際、無私は、「崇高な宗教の核心（信条の中核）」であり、イエスやブッダ、孔子といった「英知を授ける教師の洞察力の中心をなすもの」として生き続けている。このような無私は、依然として科学の中には存在していた。実際、「純粋科学は高度な宗教そのものであり」、科学の最も重要な貢献の一つは、無私を学ぶ場としての有用性にある。それは「人格を成熟させ」、「自分の欲求や嗜好、利益が世界を理解するための手がかり[35]」と考えてはならないことを、教えるものである。また、現代の社会では、旧来の権力からの解放により、ついに制限されることなく自分の情熱を追及できるようになったことを意味し、その結果として幸福がもたらされる、と人々は教えられてきたようだ。しかしリップマンが導き出した教訓は、これとはまったく違っていた。私たちは「世論」の専制だけでなく、自分自身の欲求の影響力からも距離を置くことを学ばなければならない、というのであった。

無私、超然、自制、幻想、こうしたものが『道徳序言』の精神の指針となっていた。リップマンは、グリニッチ・ヴィレッジにあるマーベル・ドッジのサロンの常連で、ハーバード・クローリー主宰のニュー・リパブリック誌の編集者であり、また進歩的な政治の主唱者で、人間性の形成の可能性を、かつては信じていたのだった。だが、一九二〇年代の終わりまでには、なんと大きな跳躍を遂げたことか。クローリーも無私を非常に重視していたが、リップマンの禁欲主義的理想は、クローリーのような進歩主義の改革者よりも、ニーチェの『ツァラトゥストラはかく語れり』を連想させるようにさえ見えるのである。[36] しかしリップマンの無私な態度は、今では極めて個人主義的な（率直にいうならエリート主義の）世界観に基づいている。それは「多くの人が、昔もそして将来も、冷たく、荒涼とした、不毛と感じる山道」なのだ。理想的な人間は「世界をあるがままに捉え、心の中は極めて平静に保たなければならない。……そういう人物は勇気をもって苦痛と対峙するだろう。なぜなら、心の奥からそれを捨て去ってしまっているだろうから。恐れがその人を悩ますことはないであろう[37]」。

このような英雄の特徴は、エドワード・ベラミーからリチャード・イリー、ジョン・デューイに至る文筆家が、「公共の利益」という規範が促すと期待した、反個人主義的、自己犠牲的な、共同体の倫理とは、著しく対照的なものであった。[38]

だが、公共の利益という概念や、統一された国民共同体的な概念が突如として消滅したわけではない。こうした概念は生き続け、ニュー・ディールの複雑な歴史の中で、一つの思想的な流れを形成した。例えば、全国復興庁（ＮＲＡ）の取組みや市民保全部隊（ＣＣＣ）、フランクリン・ルーズベルト大統領が度々戦争の言葉や概念を用いたことなのである。それは、究極の一体化、自己超越を声高に呼び叫ぶものであった。[39] このような考えは、米国の政治家のレトリックに繰り返し見られた。例えば一九七九年のジミー・カーター大統領の演説「信頼の危機」を想い起こす人もあるだろう。その演説でカーターは、国民が「自由についての誤った考え」を容認してきたので、「分裂と利己主義」への道を突き進んでいる、と警告している。カーターは合衆国国民に対し、そのような道へ進むことなく、「米国の結束と信頼を再び築く」よう呼びかけた。「共通の目的への道」を辿《たど》ることによってのみ、我々は「真の自由」を実現できるのだ、と。[40]

だが、カーターの例が如実《にょじつ》に示すように、このような共通の目的への訴えが、今世紀に次第に無視されるようになってきているが、これは、『幻想の公衆』のような著作や、さらに幅を広げれば「現実主義者による政治分析アプローチが実証し、開拓したものの予期せぬ遺産かもしれない。今や社会では、極端な多元論が標準的なものとして次第に容認されるようになり、建国期の基本理念や共通の文化、共通の目的」の訴えは、どれもみな覇権主義者の仕掛けた罠ではないか、と本能的に疑われやすくなっている。「公衆」概念の変わりやすさについての、リップマンの現実的で容赦ない分析は、あまりに聞きなれたものであり、違和感のないものに思われる。彼は公衆の概念を私たちほど広げようとは、決してしなかっただろうとは思うが……。第二次世界大戦が近づくにつれ、リップマン自身は思索の方向性を劇的に変化させ、かつての盟友である現実主義者との結束を破り、『善き社会』（一九三七年）やその後の『公共哲学』で、より「崇高」な自然法の概念を、公共の道徳規範の堡塁として取り入れたように思うが、このことに注目すれば、この点は、明らかになるだろう。同時代のラインホールド・ニーバーと同様に、リップマンは、真実と公正の純粋に社会的な源泉について、〔デューイらの〕概念道具説の源泉を認めても、人間集団の邪悪な性質に対する防御にはならないこと、ヒットラーのような「超人（自己超越的）」願望の人間に対する防火壁にもならないことを、と感じとるようになっていたであろう。[41]

この転換については何を語っても、デモクラシーに対するリップマンの考え方の変化を十分に説明することはできない。彼は、ヒットラーの権力掌握を許したような、多数派大衆の軽率な行動に歯止めをかけることこそが、道徳律の重要な利用法の一つと考えていた。リップマンは、過去の人生で重要視してきた多くの信条を、状況に合わせて変えることを嫌がらなかったし、犠牲にすることさえ厭《いと》わなかった。しかし、大衆民主主義に対する懐疑的見解だけは、別であった。私たちが今後もリップマンを読み続けなければならない理由は、まさにこの揺るぎない「エリート主義」にある。昨今は、政治家に対する嫌悪感が蔓延《まんえん》し、世論調査や国民発案《イニシアティブ》、国民投票《レファレンダム》（住民投票）といった「直接民主制」のための小道具《インタラクティブガジェット》〔直接参加・意見表明を可能にするモバイル機器〕に夢中になっている時代だが、そこにあって、『幻想の公衆』の中核をなす基本的主張は、これまでと変わらず、不動のもの、驚くほど今日的な意味を帯びたものであり続けている。「世論」が国を統治するとか、国の政策を提示する、ということはないのだ。それは絶対に不可能であり、代わりに競争的な状況にある〔優れた能力を持つ〕エリート層が提唱、提案する〔最良の政策や戦略の〕選択肢の中から、選択するだけであろう。直接民主制を主張する人々や、それを不満に思う米国の有権者は、結果的には同意しないとしても、この主張について熟考してみることが大切なのである。

「序文」（ウィルフレッド・M・マクレーによる）原注

1 Ronald Steel, *Walter Lippmann and the American Century* (Boston,1980); John Morton Blum, ed. *Public Philosopher: Selected Letters of Walter Lippmann*(New York, 1985); Richard Wightman Fox, *Reinhold Niebuhr: A Biography* (New York, 1985) Robert B. Westbrook, *John Dewey and American Democracy* (Ithaca, 1991); and Steven C. Rockefeller, *John Dewey: Religious Faith and Democratic Humanism* (New York, 1991).

2 フランシス・フクヤマの *The End of History and the Last Man*（NewYork, 1992）は、まさにこのような民主的な自己批判の試みである。

3 Daniel Walker Howe, *The Political Culture of the American*（Chicago, 1979）, 304.

4 米国建国論者の活発な論争については、Gordon S. Wood, *The Creation of the American Republic, 1776-1787*（Chapel Hill, 1969）, 469-615を参照。ハミルトンについては、Forrest McDonald, *Alexander Hamilton: A Biography* (New York, 1979). を参照。

5 Steel, *Walter Lippmann*, 212.

6 New York Times, October 25, 1925; *New Statesman*, November 14, 1925を参照。

7 *Steel, Walter Lippmann,* 214.

8 デューイは *The Public and Its Problems* (New York, 1927), 116-17のなかで『幻想の公衆』の影響を直接認めている。

9 ラスウェルのレビューは *American Journal of Sociology* 31（January 1926）, 533に掲載されている。その他にも *Literary Review, February* 27, 1926, 5; *Springfield Republican,* November 15, 1925, 7、New York World, November 8, 1925, 6に掲載されている。

10 ダニエル・ロジャーズの傑出した章「Interests」は、*Contested Troths: Keywords in American Politics Since independence* (New York, 1987), 176-211. に収録されている。

11 James Kloppenberg, *Uncertain Victory: Social Democracy and Progressivism in European and American Thought, 1870-1920*（New York, 1986）は、これらの問題についての優れた議論を提起している。特に384ページを参照。

12 David Hollinger, "Science and Anarchy: Walter Lippmann's *Drift and Mastery*" は、*In the American Province: Studies in the History and Historiography of Ideas*（Baltimore, 1989）の44—55ページに収録されている。

13 Walter Lippmann, *Public Opinion*（New York, 1922）.

14 Walter Lippmann, *The Phantom Public* (New York, 1925), 15.

15 同書、21ページ。

16 同書、１９８ページ（私自身の強調）。

17 同書、26ページ。

18 同書、24―25ページ。

19 同書、38―ページ。

20 リップマン（およびデューイ）が〈大社会《グレートソサイエティ》〉という用語を使用したことは、アメリカの大統領リンドン・B・ジョンソンが後に使用した用語と混同されるべきではない。リップマンは、友人グレアム・ウォーラスの同名の書籍から引き、現代の技術と商業社会の必然的な相互関連性を述べ、小規模で前近代的な形態の共同体であるゲマインシャフト（Gemeinschaften）が荒廃して無力となっていることを主張している。この用語には、ジョンソンが与えた道徳的な壮大さはないのである。

21 Lippmann, *The Phantom Public*, 70-71.

22 同書、68ページ。

23 同書、78―79ページ。

34 同書、97ページ。

25 同書、98ページ。

26 ただし、この用語は元々デューイの支持者の一人であるモートン・ホワイトによって、一九四九年の彼の著書 *Social Thought in America: The. Revolt, Against Formalism*（Boston, 1949）で初めて使用された。しかし、歴史家トマス・ハスケルのさまざまな著作で、より正確さと強力な示唆力を持つようになり、「非形式主義者」という用語が最近使用されるようになった。

27 同書、１００―１０１ページ参照。

28 Harold D. Lasswell, *Politics: Who Gets What, When, How*（New York, 1936）；E. E. Schattschneider, *Politics, Pressures and the Tariff: A Study of Free Private Enterprise in Pressure Politics*（New York, 1935）；Thurman Arnold, *The Folklore of Capitalism*（New Haven, 1937）；and *The Symbols of Government*（New Haven 1935）; Charles Merriam, *Political Power*（New York, 1934）. この政治学の発展に関する有益な概要の議論についてはEdward A. Purcell, Jr., *The Crisis of Democratic Theory: Scientific Naturalism and the Problem of Value*（Lexington, KY, 1973）, 特に95 - １１４ページを参照。

29 Robert N. Bellah, "Civil Religion in America," Daedalus 96 (Winter 1967), 1-21 はこのテーマに関する古典的な論文であるが、彼の後の著書 The Broken Covenant (New York, 1975) や彼の弟子であるロバート・ウースナウの著作、特に Robert Wuthnow, *The Restructuring of American Religion: Society and Faith Since World War II* (Princeton, 1988), 242-57, 283-96 を参照。なお、ベラーの最近の共同研究 *The Good Society* (New York, 1991) は大変成功した共著 *Habits of the Heart* (Berkeley, 1985) の続編であり、現代アメリカ社会における再生された公共領域（および利益団体政治の超越）のための論拠を展開する際に、明示的かつ広範囲に *The Public and Its Problems* を引用している。

30 Dewey, *The Public and Its Problems*, 142.

31 Walter Lippmann, *Men of Destiny* (New York, 1927), 228.

32 ダーウィニズムについては、ウォルター・リップマンがニュートン・D・ベーカー宛に送った手紙（一九二九年五月一五日）を参照。John Morton Blum, ed. *Public Philosopher: Selected Letters of Walter Lippmann* (New York, 1985), 240-41.

33 Walter Lippmann, *A Preface to Morals* (New York, 1929), 130-31.

34 同書１９３－１９５ページ。また、リップマンのベーカー宛の手紙を Blum, ed., *Public Philosopher*, 240-41 ページで参照。

35 Lippmann, *Preface to Morals*, 238-39, 311-13, 326-28.

36 Herbert Croly, *The Promise of American Life* (New York,1090), 特に４０９－４１２ページ参照。

37 Lippmann, *Preface to Morals*, 313, 329.

38 この傾向については R. Jackson Wilson, *In Quest of Community: Social Philosophy in the United States,1860-1920* (New York, 1968) で議論されている。

39 Ellis Hawley, *The New Deal and the Problem of Monopoly: A Study in Economic Ambivalence* (Princeton, 1966); Eric Gorham, "The Ambiguous Practices of the Civilian Conservation Corps," *Social History* 17 (May 1992), 229-49 William Leuchtenburg, "The New Deal and the Analogue of War," in John Braeman, Robert Bremner and Everett Walters, eds., *Change and Continuity in Twentieth-Century America* (Columbus, 1964), 81-143.

40 New York *Times*, July 16, 1979, A10.

41 Reinhold Niebuhr, *Moral Man and Immoral Society* (NewYork, 1932) はニーバーの神学的（または準神学的）観点からの古典的表現である。

第一部

The Disenchanted Man
The Unattainable Ideal
Agents and Bystanders
What the Public Does
The Neutralization of Arbitrary Force

PART I

第一章
幻滅した人

1

一般の市民は近頃、こう感じている。——自分のことをまるで、劇場の後部座席で観劇している、耳の不自由な観客のように感じるのだ。舞台で演じられているミステリーに集中しなければならないのだが、眠くて仕方がなく、どうしても起きていられない。劇中で進行していることが、どうやら自分にも影響しているのは分かる。〔世間の〕ルール（規則）や規制は頻繁に変わるし、税制は年に一度、改められる。たまには戦争の影響も受けるから、周囲の状況の大きな動向に押し流されていると、気付かされる。

しかし、こうした公共の問題を自分の問題として納得できる状況にはない。こうしたことの大半は目に見えないのだ。公共の問題は、舞台の背後から、遠く隔たった中枢の内で、誰か特定できない権力者によって巧みに操られているのだ。――操られている、とそう仮定しての話だが……。一私人には何が行われているのか、誰が実行しているのか、自分がどこに連れていかれようとしているのか、確かなことは分からない。自分を取り巻く状況を把握できるよう、周囲の状況を報じてくれる新聞はない。周囲の状況を推測する術を教えてくれる学校もなかった。周囲の状況は、たいてい自分の理想にそぐわなかった。演説を聴いても、意見を口にしても、投票しても、自分には状況に影響を与える力はないと感じるだけだ。自分には見えない世界、自分の知らない、自分に指図できない世界に生きているのだから……。

　経験からして現実的に考えるなら、〈自分が主権者だ〉などというのは虚構だと分かる。理屈の上では自分が主権者だが、実際に統治しているのは自分ではない。自分自身を考え、公的な問題で自分が実際どう貢献しているか、じっくりと考えてみる。自分が与えた影響力と、デモクラシーの理論上行使しうると想定された影響力を比べるなら、どうか。――自分の主権などないに等しく、ビスマルクがナポレオン三世について語ったのと同様、「遠くから見れば大人物だが、近くで見るとまったく取るに足りないもの」[1]と言わざるを得ない。例えば政治運動での扇動などで、〈自分や約三千万近くの人があらゆる英知と力と正義の源だ〉とか、〈それが最も重要な原動力、そして究極の目的だ〉と言うのを耳にすると、自分の内に残る健全な精神は、それに異議を唱えるのだ。雄鶏チャンティクリア（十四世紀英国の詩人チョーサーの『カンタベリー物語』）は〈自分が太陽を昇らせた〉といって感激し、大喜びするが、年がら年中、そんな真似はしてはいられない。

　政治的ロマンティシズムの時代を生き抜き、陳腐化した熱い政治スローガンに突き動かされることも、感情に押し流されることもなくなった。私人としては、公的な事柄での自分の役割は、単なる見せかけに過ぎず、つまらないもの、取るに足りないものに見えてくる。そうなると、公的サービスや市民の義務について率直に語られても、目の前で旗を振られても、ボーイスカウトを差し向けられて投票を勧められても、動かされない。何か世界を変えようとしたものの、果たせずに帰京した十字軍の兵士のような存在なのだ。泡沫のように現れては消える〈出来事〉に、あまりにも頻繁に翻弄されるのを見てきたのである。そうした無価値な事柄に嘲笑を込めて、雑学クイズゲーム『トリビア』の著者[2]とともに、その人はこう言うのだ。


Self-determination「『自己決定』――主張の一つ。」

Arbitration「『調停・仲裁』――他の人の呼びかけ。」

Cooperation「『協力』――仲間内で最も温厚な人の提案。」

Confiscation「『没収・収用』――頑固な女性の対処法。」

「私も言葉遊び〔～ationという語呂合わせ〕の持つ響きに熱中してきた。ところで、これらは我々の
　問題の解決策ではなかったか？」

「Inoculation!『感化』――私も調子を合わせる。

Transubstantiation 聖変化〔キリスト教の教義においてパンとワインが聖体となる変化〕、
alliteration 頭韻法、inundation 氾濫、flagellation 鞭撻《べんたつ》、and afforestation 植林。

2

周知のように、全国民が公的な問題に参加するわけではない。大統領選挙の年ですら、投票に行くのは有権者の半数以下だ。[3] 一九二四年の選挙運動期間には、有権者の動員を強化する特段の努力がなされた。しかし、有権者は投票に行かなかった。憲法、国家、政党、大統領選挙、私有財産、すべてが危機に瀕していると思われた。投票に行かない人が大幅に増えると、一方の党は〔共産主義の影響で〕赤く染まり、他方の党は汚職で黒く汚れ、第三の党は専制と帝国主義に陥る、と予言されていた。だが、市民の半数はそのようには心を動かされなかった。

研究者はこれまで投票について書いてきたが、今や、棄権について書いている。シカゴ大学のメリアム教授とゴスネル氏は、一九二三年の標準的なシカゴ市長選挙について、詳細な調査を実施したが、その選挙では一四〇万人の有権者で、選挙人名簿に登録したのは九〇万人だけでしかなく、登録者で、投票までこぎつけたのは七二万三千人に過ぎなかった。[4] その理由を明らかにすべく、何千人もの人々に面接調査がなされた。棄権者の中で、どうしても投票に行けない事情があったと、少なくとも、そう言ったのは約三〇パーセントだった。病気だった、外に出ていたとか、子供や病人を残して家を空けることはできない、不法滞在者だった、というのがその理由だ。残り七〇パーセントの、主権を有する約五〇〇万の合衆国の自由市民は、投票しない理由すらもなかった。だが、これで選挙に関心がなかったのを事実上認めた、とは言い切れない。仕事を抜けられなかった、投票所が混雑していた、投票所が不便な所にあったのかもしれない。自分の年齢を言いたくなかったとか、女性に参政権があるとは思わなかった、夫が反対したのかもしれないし、政治はつまらない、選挙がつまらない、選挙があるとは知らなかった、といった理由も考えられる。被調査者の約四分の一は、まったく関心なかったと、正直に答えている。

ブライスは「合衆国での……主権者の意思を表しているのは……ほかのどの国よりも、選挙人登録者の割合が高い」[5]と述べており、信頼性のある権威的考えである。また、スイスにおける直接請求権と国民投票の行使について、主にローウェルが作成した表によると、米国の有権者の無関心は特別なものでない。[6]事実、欧州の現実的な政治思想家は、大衆が公共問題を方向づけている、との考えを、はるか以前に放棄している。例えば、ロベルト・ミヘルス（ドイツ出身の社会学者）は、社会主義者でありながらも、「多数者による自治は永遠に不可能だ」[7]と言い切り、そして、「勝利を収めた後ですら、現実政治では指導者とそれに従うもののままである」というスウェーデンの社会党副党首グスタフ・F・シュテッフェンに賛意を表して、引用している。ミヘルスは極めて洞察力に富む政治思想家だが、ヘルツェンの言葉を引用してこの点について、最終的には野党の勝利とは「結局、嫉妬する立場から、貪欲な立場に移行するだけのことだ」と率直なところをうちあけている。

つまり、棄権をはじめ、他に、公認候補者名簿の最初だったということだけでその人に投票するとか、あるいは予備選挙に関与しない、演説や資料を読まないなど、非難に値する怠慢につき、そのすべての罪を列挙したところで、市民が幻滅している以外、何ら新しいことは何もない。私は、これ以上一般市民を非難するつもりはない。市民を気の毒に思っているのだ。市民は不可能な任務を課され、達成不可能な理想を実現するよう求められている、と感じているのだ。私自身も同じなのだと思うのだ。なぜなら公的な問題は、私の主な関心事であり、それを注視するため、多くの時間を費やしてきたが、にもかかわらずデモクラシーの理論から期待されていることを実行する機会は、私には見つからなかった。つまり、何が起きているかを知り、自治を実践する地域社会が直面する全問題について、表明するだけの価値ある意見を持つことがそれである。だが、これは無理で、全能《オムニコンピテンス》の市民との、一般に認められている理想像を多少なりとも体現している人物に出会ったことは、一度もないのだ。そしてそれは合衆国大統領から政治学教授に至るまで、みな同じなのである。

第二章 実現不可能な理想

どうすれば完璧な市民を創り出せるか、想像してみた。適切な胚細胞の結合によって、完璧な市民が生まれる、と主張する人もいる。マディソン・グラント（優生学者、科学的人種主義の提唱者）やロスロップ・ストッダード（米国歴史家、人種関連の著述家）ら復興主義論者の著書に、偉大な市民を生むためには誰と誰が結婚すべきという処方箋が書かれているのを目にしたことがある。私は生物学者ではないので、この点については偏見を持たず期待することにしよう。しかしながら、これまで培ってきた知識からすると、人間の能力育成方法の確信は、概してこれら執筆者の科学的評価とは反比例の関係にあるようだ。

そこから必然的に、次は教育に目を向けることになる。過去一五〇年もの間、デモクラシーを楽観視する書物はすべて、最終章のテーマとして、教育を論じてきたからである。ロベルト・ミヘルスは非感傷的で、信念を曲げない厳格な人物として知られるが、そのミヘルスですら、「結論的考察」で、あらゆる集団行動に存在する「寡頭制の［政治・社会的］傾向に陥ることがないよう、大衆の知的水準の向上を図るのは、社会教育に課された重要な課題だ」と述べている。

　そのようなわけで、私は学校や大学で市民性《シチズンシップ》について教えるのに用いられる、新基準の市民性の教科書を読んでみた。何冊か読んでみて、これを読み通すには、百科事典を編集するような意欲と、無限の時間が必要だ、との結論に至った。そう考えない人は、果たしているだろうか、とも思った。実のところ、郡職員の正確な給与や、検察医の任期など覚えることは、期待されていないのだが……。新しい市民性では、政治問題について学ぶが、政府組織を詳しく学習するわけではない。私が読んだある教科書では、新しい市民は、市、州、国の問題や、国際問題、信用、労働、交通、金融、地方、農業の問題など、数限りない議論の分かれる問題について、簡潔に五〇〇ページにもわたって述べられていた。市の問題には一一ページが割かれ、付随する一二の問題が扱われていた。

　だが、この懇切丁寧な本は、将来の主権者たる若者が生計を立て、子供を育て、人生を楽しむ間に、どうすれば混乱した膨大な問題の進展状況を、常に把握できるのか、何ら手掛かりを与えてくれない。また国の天然資源が、量的に限りがあるので将来の主権者は保全しなければならない、とも警告されている。際限なく税金が増えれば、納税者は税金を納めることができなくなるので、公共支出を監視しなければならない、とも忠告されている。有権者であり、市民であり、主権者であるからには、無限の公共心、無限の関心、無限の好奇心を持ち、努力を惜しまないように、と期待されているようだ。教科書の執筆者は、都市の下水道の問題からインディアンのアヘンの問題に至る、ありとあらゆる事柄に言及したと考えているようだが、重大な事実を見過ごしている。市民が公共問題に費やす時間は、自分の時間のほんの僅《わず》かで、現実の問題に対しては、その場限りの関心しか持たず、理論に関心が薄いということである。

市民の義務について教える教師は、例えば平日の木曜日に［ニューヨークの］ブルックリンの地下鉄や［当時問題であった］満州鉄道の問題について考察することが義務なのかどうか、判断する基準を生徒に教えることなど決してない。また、生徒が主権者として、地下鉄問題についての態度を表明しようと決意したとしても、その前日には、モンタナ地方債やスーダンにおける英国の利権について、主権者として自分の意思を表明するのに専念しなければならなかったばかりなのだ。そのため、これらの問題についての知識量差をどのように埋めるべきであるかも分からない。しかも、あらゆる事柄について、常にすべて知るなど、不可能である。一つの事柄に注目している間に、それ以外の千にものぼる事柄が大きく変化しているのだ。何処に注意を向けるのが最善なのか、その論理的根拠も何も見つけることができない。そうである限り、そして、本来アマチュアであるという、自分に相応《ふさわ》しい方法で注意を向けるのでなければ、生徒は、混乱するだろう。例えて言うなら、同時に三本の骨をなめようとする子犬のようなものだ。

世界の問題を見て回る観光ツアーに生徒を連れて行ってもまったく無駄だ、と言いたいわけではない。それによって生徒は世界の複雑さを学ぶかもしれないが、その珍しい経験から「口を開けば、彼の口からは信念や確信が漏れ出し、あなたに対して持っているものをどんどん伝えようとするだろう」といった状態になるかもしれない。[8] 生徒は謙虚さを学ぶだろうが、何より確かなのは、高尚な執筆者が一九二五年現在の米国の問題について考えていたことを知っても、十年後に米国の問題を乗り切るための備えとはならない、ということだ。一時的な関心事の学習から抜け出さなければ、これまでの教育ではできなかったように、知的な態度を習得することはできない。

デモクラシーの機能不全の改善策として、いつも同じように教育に打開策が求められるが、それがまったく不毛なのは、このためである。それは事実上、法律制定者や、望ましい市民像を説教して回る伝道者のようなものであり、勝手に描いた仕様書にしたがって、統治者にふさわしい人間を仕立てあげる、手品のような手法を、教師が独自に編み出すよう、求める提案に等しい。改革論者は、人が何を教えられうるかを考えない。現代社会を統治するのにふさわしい人間にするには、何でも教えるべきだと言うだけである。

お決まりの教育への期待は、失望を招くだけである。現代社会の問題は、どんな教師たちにも把握できないほどの速さで、出現、変化する。そのスピードはあまりにも速く、問題の本質を子供たちに伝えられない。現代の問題の解決法を子供に教えようとしても、学校は常に遅れをとる運命にあるのだ。学校にできる試みは、せいぜい新しい問題に市民が何か有効な方法で取り組めるようにするため、思考と感覚のパターンを教えることだけである。しかしそのようなパターンは、教育者に考案できるものではない。そのようなパターンを探し出すのは、政治理論家の仕事である。その仕事に取り組む際、政治理論家は、〈大衆に政治的才能がある〉との前提に基づいてはならない。たとえ大衆に政治的才能があったとしても、大衆は、公共問題に僅かな時間と関心しか向けないからである。

道徳家《モラリスト》は、社会教育の主な課題は、一過性の問題の個々の局面の要素や解決策ではなく、あらゆる問題に対する姿勢の基となる原則を課題とすべき、との意見を、あまりにも安易に受け入れているようだ。私は、それに対して注意を促す。困難の本質が、善悪を判断する基準を見出すことにある状況では、良心は指針にならない。そのため、現代社会を統治するには、良心以外の何かが必要となる。

現代社会に対処するために、人々に道徳や礼儀作法、愛国心を教えれば、対応できると思いたくなったら、私はこうする。黄昏時《たそがれどき》に、物思いにふけりながら森を散策する教授の例え話を想い起してみるのだ。教授は木に躓《つまず》く。その時教授は、思わずこのような行動を取ってしまった。誠実で礼儀をわきまえた人物だったので、帽子を掲げ、木に深々とお辞儀し、心から謝罪の弁を口にした。「大変失礼しました、私はあなたを木だと思っておりました」。

教授の行動を、道徳規範上問題があるとしてたしなめるのは、適切だろうか、と私は問いかけたい。教授が木にぶつかったとしても、木に衝突する権利は誰も否定できない。躓いた相手が人間だったならば、教授の謝罪は申し分ないものではなかったろうか。完璧に機能している秩序には、道徳規範が存在し、行為が疑問に付されるのは、その人心が善良かとか、堅固な信条を持っているかではなく、事実という点――に限定される。教授には人間と木の違いを識別する、道義的責任があると反論されるかもしれない。おそらくそうだろう。では教授が森の中を散歩していたのではなく、誰かの投票だとしたらどうだろう。木にぶつかったのではなく、フォードニー・マカンバー関税法（国内産業を保護する高率の関税）にぶつかったのだったらどうかというのだ。その場合、教授がその事実を弁《わきま》えている義務は、どれくらい大きくなると考えるだろうか。結局のところ、考え事をしながら黄昏時に森を散歩していたこの人は、頭の中で想像している事実と向き合っていたのである。私たちの考えはみなそうだが、その人は教えられた通りに義務を果していただけである。

世界全体の動きは、その不器用さにおいて、思索にふけるこの教授と相通ずるところがある、と思われる。パブロフは犬の実験で、人為的に食欲を刺激すると、動物は食べ続けることを証明した。これまでに、数多くのネズミやサルが、実験室で同じように騙《だま》されてきたことが知られているが、数の上でそれを上回るのは、デモクラシーに期待して欺かれる人だけである。心理学者が言うように、人間の反射は条件づけられている。そのため人間は、ガラスの卵やおとりのカモに反応するように、偉そうな人物や政治綱領に極めて容易に反応する。自分が現実の重要な出来事に対して、善悪の判断力を働かせているかどうかを知る道徳的規準はない。遠い昔、ソクラテスが指摘したように、実践的な美徳は知識であり、正しいか正しくないかという基準は、真か偽かの見極めを待って設けなければならない。

たとえ道徳規範の実践が成功裏に行われても、そのことによってデモクラシーの問題解決が解放されるわけではない。道徳規範があまりにも多過ぎるのである。私たちの生活と直接かかわりのあるもの、私たち自身の社会の境界線内には、一般に受け入れられた道徳規範が存在する。地域的基準を普遍的に適用するよう求める政治理論家は、自分が解決に努めなければならない問題の一つをただ単に訴えているにすぎない。なぜなら、たとえ政治機構の目的が、共通の判断基準に到達することだとしても、「基準の間の対立から」政治が生まれ、これが政治的組織を必要とする要因の一つなのである。

自分の善悪の概念を普遍的なもの、と考える思い込みを消し去るのが難しいことに気付いた人ならば、ダーウィンのネコとクローバーの寓話[9]が気に入るだろう。紫クローバーは、マルハナバチの媒介によって他家受粉する。したがって、マルハナバチが増えるほど、翌年のクローバーの作柄は良くなる。だが、白い幼虫を好んで食べる野ネズミが、マルハナバチの巣を襲う。そのため野ネズミが増えるほど、マルハナバチは減り、クローバーの作柄は悪くなる。村の近くでは、ネコが野ネズミを捕まえる。そのため、ネコが多いほどネズミの数は減り、マルハナバチが多いほどクローバーの作柄が良くなる。また、村に優しい老婦人が多いほど、たくさんのネコがいる。

あなたが、ヒンズー教徒や菜食主義者でなく、牛肉を食べる西洋人ならどうか。――畜牛のためのクローバーの牧草地を育てるのはマルハナバチだが、その巣を食べつくすネズミを捕まえるネコの方をよいものとし、ネコを飼う老婦人の方を賞賛するだろう。あなたがネコだとしたら、あなたも老婦人に好意を持つだろう。しかしあなたが野ネズミだったなら、どうか？――このように世界の断面の理非は、大きく違ってくるのである。ネコを飼う老婦人は、トラをペットのようにして暮らす魔女と同じくらい優しそうに見えるかもしれない。野ネズミ対策協会は、老婦人の危難について、ヒステリックに語るだろう。マルハナバチは、野ネズミのために白い幼虫を産むという、ただ一つの目的のために存在する、とするのだ。自らのテリトリーを守ったら野ネズミにとって、マルハナバチが存在しない世界など想像できようか。このような世界には、法も秩序もない、と思われよう。高度に哲学的試行を持つネズミだけが、ベルクソン（フランスの哲学者）の言葉を受け入れるだろう。ベルクソンは、述べている――「無秩序の観念は、生活の日常的な実践の中で明確な意味を持つことになるだろう。精神は、必要としているのとは違う秩序、さしあたりどうでもよく、この意味で自分にとって存在していない秩序を前にして失望を覚える」[10]と。私たちが好ましいと認める秩序は、私たちの要求と期待と習慣に合致する秩序のことなのだから……。

私たちの期待するものには、普遍的なもの、永遠、不変のものなどはない。レトリック上の効果を狙って、そのようなものが存在するとよく言う。だが、具体的な事例となると、私たちの願望になぜそれほどの正当性があるのか、説明するのは難しい。農場主が、いつもより少ししか農場で必要な加工食品を買えないなら、それは異常事態であり、問題が発生する。だが、一九二五年に一ブッシェル（二七kg相当）の小麦と交換可能な加工品を、一九一三年頃に比べ増やすべきか、減らすべきか、はたまた同じにすべきか、を決める、どのような絶対的基準があるというのか。農場主や、その他の階級の生活レベルを向上させるべきか、引き下げるべきか、とか、その時期はどうするか、その幅はどの程度にするかといった指針を決められる人などいるだろうか。さらには、求人数よりも、提示した賃金で働きたい労働者数が少ない場合、雇用者側は不満を示し、それを問題視するかもしれない。しかし、どれだけの余剰労働力が必要か、また賃金はいくらになるか、予測可能な法則を知る人などいるだろうか。ある職種、ある地域では、ある賃金で働きたい人、職に就ける人が、求人数より多いかもしれない。問題は深刻だろうが、どれだけの数の機械工や事務員、炭鉱労働者、銀行家、セールスマンに、雇用を提供することが、社会の義務か否かを決める指針はないのである。

農場主が工場経営者に求めたり、雇用主が賃金労働者に要求したり、債権者が債務者に求めたりする場合、何か固有の正義に基づき、相手に要求を突きつけるには、強烈な党派心と、多くの自己欺瞞が必要となる。このような利害の対立は、問題であり、解決しなければならない。しかし問題の解決策を引き出すのに適した倫理的パターンなどないのである。優生学によって、理想の民主的市民、全能《オムニコンピテンス》の主権者を創り出せないとするなら、それは生物学が、政治的に優秀な子孫を生み出す方法が分からないだけでない。優秀さとは何か、ということも分かっていないからである。教育によって市民としての素養を身につけさせられないとすれば、それは将来の問題を、教師が予測できないためである。倫理観によって人を導けないとすれば、それは第一に、個々の事例の善悪が、真か偽かの認識に左右されるからである。第二には、普遍的な道徳規範が実際に存在しないにもかかわらず、存在するとの前提に基づいているためである。これ以外に、どこを探せば、有能な市民を生み出す方法を見出せるというのか。一九世紀のデモクラシーの理論家は、これ以外にもいくつかの［役立たない］処方策を示し、大勢の楽観的な人々が未だにその影響を受けている。

ある学派が提唱する改善策は、〈デモクラシーの弊害を矯正するには、より民主的にすることだ〉、との格言に基づいている。その改善策では、民衆の意思は――把握できさえすればだが――賢明かつ善良なものと想定している。その学派は、参政権を広げ、さらには、直接請求権、国民投票、リコール、また、上院議員の直接選挙、直接制の予備選挙、裁判官の選任など、可能な限り投票を増やすことを提案している。しかし、彼らは問題に正面から取り組むのを回避している。というのは、彼らが前提としている世論というものの存在は、これまで一度も立証されたことがないのだ。一八九六年のブライアン（ウィリアム・ジェニングス・ブライアン）の選挙運動以降、この学派の考え方は大半の州を席巻し、連邦政府の政治に、多大な影響を与えてきた。投票有資格者は、一八九六年以降三倍に増えた。また有権者の直接行動は、飛躍的に拡大した。だがこれと同じ時期、一八九六年に八〇・七五％だった大統領選挙の投票率は、一九二〇年に五一・三六％まで低下している。この学派は「国民全体」が政治への積極的な参加を望んでいるというが、この第一の前提には、明らかに誤りがあるようだ。参加している人が、何か実際的な意味で、物事の方向を決めている証拠もまったくない。政党のマシーン（幹部が支配する利権や、猟官制に基づく集票組織）はあらゆる攻撃に耐え残ってきた。このような結果になるのは当然だろう。時間や関心、知識がないために、有権者は、その時代の問題の詳細を把握できないのだとすれば、意見の表明を求められる機会が多くなったからといって、より良い世論を形成しようとはしないだろう。有権者は一層混乱し、退屈し、同調しやすくなるだけだ。

革命派を名乗る別の学派は、デモクラシーに対する失望感の原因を資本主義体制に求めた。財は力であり、経済力が選挙権と同様に幅広く分配されてはじめて、選挙権の効力がより良く発揮されるようになる、と主張したのだ。個人が社会に及ぼす影響力の大きさは、その人の有する理論上の法的な市民権よりも、その人の財力の内容と、より関連が強い、との前提に立っている。この社会主義的な前提について、争う学者はいないと思われる。社会主義者は、主な公的事業を国有化することで、経済力の分散は可能であり、選挙と国民投票による、職業生活が普及すれば、一般大衆は的確な決定を下すようになる、と循環論法に逃げ込んでいるようだ。いかなる理由から、より多くの問題を投票という方法の対象とすれば〔解決することになるのか〕、つまり、これまで知られていなかった人々の内なる知恵や技術的能力、公共の関心の蓄積が生かせると考えるのか。社会主義者の構想は、国民全員を有能と見なす、不可解なデモクラシーの誤謬に基づいている。その最たるものは、国民が、現在も負担したくないと思っている義務、また負担していない義務に加えて、さらなる義務を課すことである。そして、それが市民権に伴う義務を軽減させるというのだ。これは、同類療法《ホメオパシー》の誤謬であり、その結果を免れていない。社会主義の理論は、数多くの市民の義務は絶えることなく続き、十分複雑すぎる政治的利害関係は、さらに途方もなく複雑化していくものと仮定しているのだ。

優生学の方法、教育や道徳による方法、大衆主義者や社会主義者が提示する、さまざまな改善策はすべて、有権者は生まれながらにして諸問題の解決の方向性を指示する能力を有しているか、あるいは、有権者はこのような理想像に向かって進歩しているだろうと考えている。これは誤った理想だと思う。私はそれが望ましくない理想だと言っているのではない。達成不可能な理想だと言っているのである。太った男がバレエダンサーになろうとしても無駄だという意味で、不適切だと言っているだけである。理想というものは、その対象となるものの真の実現可能性を表していなければならない。さもなければ、真の実現可能性を見誤ることになる。全能《オムニコンピテンス》の市民という理想は、偽りの理想だ、というのが私の見解である。このような理想を達成するのは不可能である。そして、このような理想を追求すれば、誤った道を進むことになる。人々はこれまで、理想に到達できなかったため、今こうして幻滅を覚えているのである。

個々人が、すべての公共の事柄について、意見を有しているわけではない。個人には公共の事柄をどのように運営すべきか分からない。何が起きているのか、なぜそれが生じているのか、何が起きる可能性があるのか、個々人には分からない。どうしたらそのようなことが分かるのか、私には思い浮かばない。また、別のデモクラシーの神秘主義的論者は、個々の人間は無知でも、大勢の人々が集まれば、公共の事柄を継続的に導いていく指導力が生まれる、と考えていたが、そのように考える［集合による奇跡という説に］根拠などまったくないのである。

第三章 行為者と傍観者

1

市民は、有権者の資格を与えられた時、自分が理論上、現在進行中の重要問題について決定を下す一人なのだと気付く。五〇万の連邦公務員と多くの地方公務員を擁する複雑な行政組織は、自分が作ったわけではないし、その多くは見たことすらない。自分が契約や、負債、条約、法律を知る以前から、市民はそうしたものに拘束されている。誰が、何を行うべきか、市民が政府の業務を、日々決定しているわけではないのだ。市民は、それらの事項のほんの一部に、時折注意を向けるに過ぎない。そして、投票所で賢明で公共心あふれる有権者にさえなって、二つの選択肢から自分の納得できる公約の政党を見つけ、投票で自らの影響力を行使する。

実際の統治は、特定の人間が具体的な問題について下す、さまざまな取り決めから成っている。こうした決定は、一般市民の目にはほとんど触れない。次の選挙までの長い期間、政治は政治家や役人、有力者により、運営されるのであり、彼らは別の政治家や公職者、さらには別の有力者と取り決めをする。多くの人々はこうした合意を目にし、評価するだけで、影響を及ぼす機会などほとんどない。こうした事柄はみな、世論の対象とし続けるにはあまりにも膨大、複雑であり、理解は容易ではない。また、厳密かつ文字通りの意味で、政府の日常業務を行う人は、膨大な数の有権者に、事実を説明する責任など負わない。衆目を集める重要なケースは別だが、説明責任は、政治家や、役人、そしてまた特定の行為に直接利害関係のある有力者にのみ求められる。現代社会は誰の目にも見えるわけではなく、常に全体像が理解できるわけでもない。ある部分は別の部分からは見ることができ、ある種の行為は、あるグループには理解できるが、別のグループにはそうではない。

広範囲にわたって複雑な事実を調査する機関が発達しなければ、この程度の判断による理解すらもできないのである。[11] このような調査機関も、遠くから、間接的に一般大衆を手助けするだけである。ただ、こうした機関による調査レポートは、特に用意のない読者には難解すぎる。そして大半は、あまりにも退屈だ。確かに専門家や統計的調査が退屈だとして、大衆に軽視されている。政府や企業、労働組合、事業者団体が、内部統制の必要性に迫られるか、他の集団から、自らの活動を記録し、評価し、公表し、説明責任を果たすよう、強制されなければ、今日の問題を処理する情報機関［情報の組織化］は、おそらく完全に無視される。

〈大社会《グレートソサイエティ》〉では、ただ情報を公表すればよいのではなく、途切れなく情報を公表し続ける必要がある。しかし、すべての有権者に可能な限り情報を提供するのが、公表の目的だと考えるとしたなら、その必要性をひどく見誤ってしまうことになろう。［この時代は、］公的な会計が始まったばかりなのだ。だが現実は我々の好奇心をはるかに超えている。例えば、鉄道会社は会計報告を行うが、決算を人は読んでいるだろうか。まず読まないだろう。銀行家や鉄道会社を管理する役人、荷主の代表など、各所にいる一握りの役職者は決算を読む。だが、それ以外の人は、自分は他のことで忙しいとの理由で、無視する。

玄関先を越えて吹き寄せる、ありとあらゆる報告書や、新聞に掲載されている記事を、すべて読んで生活している人はまずいない。ラジオの普及で、誰もが至る所で起きていることを、すべて聞くことができるようになったとして――全面的に公表されるようになったとして――減債基金委員会や地質調査の監視のために、人はどれだけの時間を割くだろうか。また、割きたいと思うだろうか。おそらく、ラジオの周波数を英国皇太子の話に合わせ、それに飽きるとうんざりしてスイッチを切り、無視して心の平安を求めるだろう。今の状況はまったくひどいものだ。夜に刷られた新聞で朝を迎え、午前に刷られた新聞で夕方を迎える。十月号の雑誌が九月に刊行され、さらに映画やラジオと、多岐にわたる情報の集中砲火の下に晒《さら》される生活を強いられる。頭は騒々しい演説や議論、関係のない出来事の収納庫となっている。世論を活気づける一般向けの情報は、知識人の良識からすると、みなあまりに漠然とし過ぎる。あらゆることを把握しようとする者にとっては［時間が足りず］、人生はあまりにも短すぎる。すべての木々の葉を、一枚ずつ興奮状態で数える時間がないように……。

2

人がみな、常に政治のプロセス全体を考えていなければならないとすれば、社会で仕事を続けていけないのは間違いない。また人々は、社会全体を考慮しようとはしない。農場主は小麦を植えるか、トウモロコシにするかを決める。機械工はペンシルベニアの工場とエリーの工場の、どちらで働くかを決める。フォード車を買うかピアノを買うか。またフォードを買うならエルム通りの自動車修理工場で買うか、チラシを送ってきたディーラーから買うか、を決める。こうした選択は、提示された、ごく限られた選択肢の中から決められる。世界中のどの女性とでも結婚できる、などと考えたりしないように、世界中のあらゆる仕事から自分の仕事を選ぶことなどできないのだ。このような一つひとつの選択を積み重ね、一つにまとめるのが社会の統治だ。無知なままの意見もあれば、正しい知識に基づく意見もある。だが、偶然によるものであれ、科学的教育によるものであれ、ごく少数の具体的選択肢から、具体的な特定の意見に達するのであり、それが目に見える明確な結果につながる。

一方で、社会の運営全般についても意見を有していると考えられる。機械工はペンシルベニアとエリーのどちらで働くか選択するだけでなく、国民的利益のために国有鉄道全体を、どう整備すべきか、についても考えられる。この二種類の意見は、意識されないものの、互いに融合している。人は一般的観念を有していて、それが個人的決定に影響しており、人々の直接的経験は、無意識に一般的観念を支配しているのだ。しかしながら、この二種類の意見を、個別的、直接的なものと、一般的、間接的なものに区別するのは有益である。

個別の意見は、直接的方針を定めることに関連している。例えば、仕事に就く、ある作業をする、雇うか解雇するか、といったことであり、買うか売るか、留まるか立ち去るか、受け入れるか拒否するか、命令するか、従うか、といったことだ。〔個々に限定されない〕一般的意見は、権限を委任するもので、間接的、象徴的、漠然とした結果に結びつく。例えば、投票、決議、是認、批判であり、賞賛や、非難、聴衆、発行部数、追随者に向けての満足・不満の伝達などである。特定の意見は、個人の権限内で、行動を起こす決断の基となる。法と慣習によって定められた範囲のなか、そしてその個人の権力と欲求の範囲の内でだが……。しかし、一般的意見は、投票などで、ある種の表現行為を導くだけで、他の多数者の一般的意見と連携しなければ、執行部を動かすことにはならない。

大勢の人々の個人的意見が、曖昧で混沌とした寄せ集めになるのは避けられず、そうした意見が各要素に分解され、方向づけられ、集約され、均一化されるまで、行動に移ることはできない。多数の願望から一つの一般意志を作り上げるというのは、ヘーゲル流哲学の秘法だと、多くの社会哲学者は思っていた。だが、実際にはそうではなく、指導者や政治家、運営委員会の間ではよく知られた技法なのだ。[12] その本質は、人々の考えから切り離し、感情を集めて作り上げたシンボルの使い方にある。感情は考えよりずっと曖昧で、その上、より心に訴えるものなので、指導者は不均質な願望の塊《かたまり》から均質な意志を作り上げることができるのだ。そのため、一般的意見を連携させるプロセスには、感情の強化と意義・重要性の低下が含まれる。多数の一般的意見が運営行動に帰着するに先だって、選択肢が少数に絞り込まれる。残った選択肢を実行に移すのは大衆でなく、その力を掌握している個人なのだ。

個人の意見は、非常に複雑であり、極めて複雑な行動につながる可能性がある。ある男が家を建てる決心をした時、どのような家にするか、判断を百余りも下さなければならないようなものだ。細部に関する一連の意見は、非常に込み入った行為の中から生じるのだ。だが、公的意見には、自分の家を建てる際のように直接の責任や、継続する結果はない。政治においては投票用紙に鉛筆で印を付ける。後は同じ党に印を付けるか、別の党の列に付けるか、[次の選挙まで]一、二年の間観察しながら待って、次の動きをとる。投票先は、a、a^2、a^3……a^n、などいろいろな理由から決断がなされるのだろう。だが、愚か者が投票しようが、天才が投票しようが、結果はある党Aへの投票という形になる。人々が多少異なる考え方を持っていても、大半の人が行動する際には、同じ結論に歩み寄らねばならないからだ。また、人々の集合が複雑化するほど、全体は理解できないものとならざるを得ず、そして、共通の見解は単純になる。

3

英語圏諸国では一九世紀の間、個人としての行動と、集団としての行動の差異が強調されてきた。だが、そこには大きな誤解があった。例えば[トーマス・バビントン・]マコーリーは、一八三二年の改正選挙法にふれ、個人の行動と公共活動の間に因習的な線引きをしている。

「個人の知性、知識、勤勉、努力によるものはみな、過去、現在、未来の世界のどの国のものよりも、この国が優れている。しかし、国の管理下にあるものについては、このような優越性を主張できない……。我が国の工場の全工程で実施されている美しさ、完璧さ、速さ、正確さと比較し、犯罪を処罰し、権利を

擁護する機関の不器用さ、粗雑さ、遅さ、不正確さ以上に対照なものはない。十三世紀の未開状態と文明

の絶頂期にある十九世紀が並存しているのを、私たちは間違いなく目の当たりにしている。政府の中には未開状態が、そして民衆の中には［先進的な］文明が見られる」[13]。

マコーリーが念頭に置いていたのは、ビクトリア女王の叔父たちの下での英国政府と、酒を飲み、乗馬好きの生活を送る地主階級との工場生産対比を考えていた。しかしプロイセンの官僚制は、政府活動と民間活動の間に、このような差異が必ずしも存在しないことを、余すところなく証明している。大多数の人の行動や、大多数の人を介した行動と、官僚なしで進められる行動には違いがあるのだ。

公営企業と私企業の間や、「群衆」心理と個人心理の間に根本的な相違はない。個別の行動をとる人と、全体の結果を意のままにしようとする人の間に違いがあるだけだ。世の中は、実行能力のある人が無数の具体的行為を続けることで動いている。例えば、種を蒔いたり、耕したり、収穫したりする。また、作ったり、壊したり、あれにこれを合わせたり、こちらからあちらへ行ったり、AをBに変えたり、BをXからYに移動したりするといったことがそうである。こうした特定の事を行う人の関係は、交換、契約、習慣、暗黙の了解といった、非常に複雑なメカニズムによりバランスが保たれている。いやしくも自分の務めを果たすには、こうした務めのプロセスと内容を理解していなければならない。だが、投票や意見表明で、他の人の務めに影響を及ぼすにしても、成果に対して報酬を与えるか罰するか、示された選択肢を受け入れるか拒否するか、それしかできない。実施されたことに同意したり反対したり、提案に賛成か反対かは言えるのだが、建設的なことを行ったり、管理したり、自分が考えている行動を実際に行うことはできないのだ。世論が人々の行動範囲を限定する場合もあるが、世論が上記の行動を具体化することはない。

4

私たち一人ひとりは公衆の一員として、常に政策決定の蚊帳《かや》の外に置かれている。世論は本来、その性質からして常に、また永遠に、他者の行動を外部から統制すべく試みる。私たちにこの結論の重要性を十分に把握できれば、世論についての正しい考えに、世論の役割を定める方法を見出だせていたことだろう。そして、なぜデモクラシーに幻滅したのかが分かり、デモクラシーの教説《ドグマ》で受け入れているものと異なる理念、実際に到達可能な世論の理想像について、輪郭が見えてくるだろう。

第四章

公衆の役割

1

本書では、極めて現実的な世論の理想像を明らかにしようとしているのだが、この理想像だけが実現可能な世論の理想像だ、などと言いたいのではない。念ずるだけで自然や社会を動かしたり、天上にオリュンポスを築いたり、世界の果てにアトランティスを創造したりといった空想で、人々の心を楽しませようとする人もいる。そして、その素晴らしいアイデアが平和をもたらすものであれば、どうすればそれが可能なのかとか、政府の運営にどのように影響するかは問題ではない、と言うかもしれない。

ユートピア（理想的な社会や状況）や、「仏教の理想とする境地たる」ニルヴァーナは、それ自体で自己十分な理由であり、それらについて深く考えるのは、物事の成り行きを統制しようという、無駄な努力を自制するのに役立つかもしれない。しかし、自制は一種の至福であり、誰でも思い通りにできるものではない。どういうわけか人は他者の行動を統制しようとする。法律で統制できなければ、とりあえず説得で統制しようとする。このような姿勢で人が問題に取り組む場合は、本書で定義する公衆（一般公衆）となる。他者がどう行動すべきかについての意見が、世論［以下、「世論」と「輿論」を区別せず記述］である。何が可能で、何が不可能かについての理解が明確になるほど、公衆は力を発揮できる領域で、より効果的に役割を演じ、他人の自由を干渉することも少なくなるだろう。

世論の役割は、外部から問題に関わることで決まってくる。意見は他の意見に影響を与えるが、意見自体が方針決定を左右するわけではない。世論は、投票、賞賛・非難、支持・拒絶などの形で表される。しかし、このような表明それ自体には何ら価値がない。意思表明に価値が生じるのは、状況の動向に影響を及ぼす場合に限られる。しかも、問題の関係者に影響を与えることができて初めて、状況に影響を及ぼすのだ。この二次的、間接的な関係にこそ、世論の限界と可能性の手掛かりがあると考えられる。

2

この見解に対しては、すぐさま反論がなされるだろう。公職にある者を交代させる選挙は、二次的でも間接的でもない世論の表現ではないか、と。だが、選挙とは、本当のところ何なのか。――人は、選挙は民意の表現だという。しかし、そうだろうか。我々は投票所に行き、一枚の紙に記された二人とか、数人の候補者名から一つに印をつける。だがこれで、合衆国の公共政策についての自分の考えを表明したことになるのか。人の意見には、多くの「しかし」や「もし」「または」が付いている。一枚の投票用紙に記入した印だけでは、それを充分に表していないのは確かである。自分の考えを表すには時間が必要であって、選挙での投票を意見の表明と呼ぶのは、空疎な作り話である。

投票は何かへの支持の約束である。投票により、自分はこちら側にいるこの人たちの側につくとか、この人たちに協力する、従うつもりだ。――投票により、こう言っているのだ。自分は賛成する、拒否する、選任する、拍手を送るとか、野次を飛ばす、みな同じだ。自分が力を尽くすのはこちら側であって、あちら側ではない、と。

公衆は、自分で自動車を製造しているわけでも、劇を演じているわけでもない。それと同様に、候補者を決めているわけでもないし、政治要綱を書いているわけでもなければ、政策の大綱を決めているわけでもない。公衆は、誰か立候補した人、公約した人、劇を演出した人、自動車を売り込んでくる人の誰かに、賛否を表明するだけなのである。集団が集団として行動するということは、その集団が有している勢力を動員するということなのだ。

これまでは道徳や知的な価値を、多数決原理に委ねる試みがなされてきた。一九世紀には、多数決には神の声であるかのように、底知れぬ知恵がある、と度々言われてきた。ある時には純粋な神秘主義からそう言われ、またある時には権力の理想化に必然的に伴う自己欺瞞《ぎまん》から、多数決はそのように持ち上げられてきた。しかし実際には、王に神授されたとこれまで考えられてきた権力を、新たな主権者たる国民の手に移しただけである。だが、どのような人の集団でも五一パーセントを占める人が価値や良識を決定するという考えなど、以前から馬鹿げたことだと、分かり切ったことだ。このような主張が馬鹿げたものであると認識していれば、市民権に関する少数派を保護する法体系全体や、芸術や科学、その他の人間の関心事が多数決原理に左右されなくなるだろう。

政治での多数決原理の正当性は、多数派が道徳的に優れているという考えに基づくものではない。文明社会では、数の重みが有する力に、然るべき地位を与える必要がある、というだけのことだ。私はこれまで投票について、入隊登録、敵味方それぞれの同盟、動員などに例えてきた。これは軍隊に例えたものだが、まさにそのようなものではないか。多数決原理に立脚する選挙とは、歴史的、また実際に、内戦を変容させ、昇華させたものであり、〈身体への暴力〉を伴わない、投票用紙による戦い、と考えているのだ。

多数派を理想化していなかった時代の立憲民主主義の論者は、［選挙での］票を銃弾の文明的な代用品と認識していた。バーナード・ショーによると、「フランス革命とは、一つの支配者集団が敗れ、利益や見解が異なる別の支配者集団にとって代わったものである。英国では、民衆が望むなら、それと同じことが総選挙により七年ごと［当時］に可能なのだ。したがって英国では革命が、国の制度となっているのだ。英国人がこの制度を支持しているのは言うまでもない」[14]。人々にとって、戦いと投票では、計り知れない相違があるのは勿論《もちろん》だが、投票は戦闘の代替手段になりうると認識するなら、投票行為の本質をより理解しうるだろう。ドワイト・モローの、モース教授の著書の序文にはこうある。「政党政治は一七、一八世紀に英国で発展し、革命の代替物になりうるものとして、英国から世界中の大半の文明国に広まった[15]」。ハンス・デルブリックは問題を単純化し、こう述べている。――多数決原理は「まったく実践的な原理である。内戦を回避したいなら、紛争が起きそうな場合、とにかく優位に立つ側、数で勝っている側に、この原理を使わせればよい」[16]。

要するに選挙は、戦争を昇華［武力によらない形態に］させたものなのだが、昇華ということの重要性を見落とさぬよう注意しなければならない。衒学《げんがく》的な理論家には、兵役に服しえない人全員の法的権利を剝奪するよう求める者がいるし、選挙はコミュニティ内における武力、影響力と密接に関係しているのだが、女性の参政権は、その選挙の価値を歪曲するかもしれないと非難する者もいる。このような理窟は無視して差し支えない。選挙という制度は、物理的な力との連携に歴史的起源があるのは確かだが、あらゆる種類の力との関係になっているのだ。先進民主諸国では、初期に見られた選挙制度と［戦争など］暴力的紛争との結びつきが、今やほとんど見られなくなっているが、結びつきは残っている。黒人が武力により公民権を奪われている南部では、今日でも暴力的紛争との結びつきがあり、選挙の影響力を実感できない。選挙が、ある程度まだ、暴力による革命と言える、不安定なラテン・アメリカ諸国でも、武力との結びつきは失われていない。実際、合衆国では、選挙が革命の代替手段となるか否かが中米の政治的進歩の試金石となる、といわれている。こう明言して、この事実を公式に認めているのだ。

私は、自分の意見を表明するのが公衆の役割ではなく、提案された案について賛否の立場を表明するのが公衆の役割だ、という考え方を確定させる必要があると考えているだけである。それ以上の主張をしようとしているわけではない。この理論が認められるならば、民主政府とは民衆の意思の直接的表現であるとの考え方を、放棄せざるを得ない。〈民衆による支配〉という観念を放棄しなければならないのだ。それに代えて民衆は、時折、［選挙で］多数派として登場することによって、実際に統治している人々に賛成したり反対したりするに過ぎない、との考え方を受け入れなければならないというのだ。一般大衆の意思が、不断に政治を動かすのではなく、折に触れて介入するに過ぎない、と言わざるをえないのである。

第五章 専制的影響力の抑制

1

これまで述べてきたことが一般の人の〔公的なことに関わる〕公共の活動の実質だとするなら、それに合う理想はどのように形成されるだろうか。

私たちが示さなければならないのは、基本的な用語で表現する必要があり、特別な集団なら今も昔も実現できたであろう理想像ではない。いつか遠い未来に実現できるかもしれない理想像でもない。ごく普通に教えられ、最も容易に達成できる理想像を示さなければならないのだ。健全な政治理論は、公衆が担いうる義務を評価するに際し、最大の無理のないレベルを強調しなければならない。その理論では、公衆の行動の可能性を控えめに見積もらなければならない。

公衆の中の優勢な勢力は、与党への支援という方法で時折、問題に介入することがあるが、公衆の行動は主にこうしたことに限定される、というのが至った結論である。また公衆は、当該当事者の有する情報を知っておらず、当事者と視点を共有もしていない、と仮定しなければならない。それゆえ公衆は、行為者の考えや、議論の詳細に入り込んで、意図を理解したり、正確な状況を判断したりできない。公衆は、何処に共感すべきかを示す、漠然たる兆候をじっと待つしかないのだ。

公衆は、問題が危機的状況にあるのが明白になるはるか前に、それを未然に防ごうとすることもないし、危機が過去のものとなった後も、問題に対応し続けることもない――そう仮定せざるをえない。公衆は先行して生じた出来事を知ろうとせず、問題がどう展開するかを見ようともしていない目標や方針について、熟考どころか、考えようともしていない。目標や方針が実施された場合の結果を、予想してみようともしない。要するに、我々は民衆政治に関し、定着している次の理論を前提としなければならない。つまり、公衆は通常、十分な知識を得ようとはしないし、絶えず関心を持ち続けようともしない。また、不偏不党であろうともせず、創造性を発揮しようともしないし、先に立って実行しようともしない――、そう見なさざるをえないのである。公衆は、たまたま問題に関心を持つことがあるだけで、専門家ではないし、大半のことには、なかなか関心を持たず、すぐ気が逸《そ》れるので、大きな違いだけを、どうにか理解できるだけだ、と見なさざるをえないのだ。つまり、公衆は同調しながら行動し、何を考える場合にも人物本位にし、事態がメロドラマのような争いに発展した時にしか、問題に関心を持たない。

公衆は「勝手なもので、」いわば演劇の第三幕の途中に現れ、劇の主人公は誰であり、悪役は誰かを見定めるのに要する時間だけ、その場に留まり、あとは終幕を待たずに立ち去ってしまうのだ。その上、そうして下される判断は通常、ある状況のある側面での行動を例にとり、非常に表面的で、大まかな裏付けを基にして、本質的価値とかけ離れたところで下されるものだ。

したがって、世論について、社会を明確な目的に導く力を保ち続けたり、作り上げたりするものとは考えられない。また世論が、社会主義を目指すとか、社会主義から遠ざかろうとかいう、遠大なこともない。ナショナリズムや大帝国、国際連盟といった、何か現状とは別の主義を日指すということもない。人々の間に諸目的について合意がなく、こうした意見の不一致こそが、公衆の興味をそそる問題をなすからだ。したがって、人々の目指す目的が相容れないものであるのは明らかだとしても、人類には何か包括的な目的があって、あなたや私が、たまたまその代弁者《スポークスマン》としての権限を与えられている、などと主張するのは馬鹿げている。公衆は何か深い意味をもつ救世主のような力を有している、と結論づけるなら、議論は堂々巡りとなろう。

2

あれこれ世論が指図しなくとも、世界はまわっていく。何らかの局面で問題が発生しても、世論が関心を払うのは、諸問題のうち重大局面にあるものに限られる。そして世論が関与する目的は、危機を鎮静化する手助けをすることである。

このような結論に至るのは当然だと、私は思う。一般大衆の行動は、正義の行使や、真実、美、善の奨励を目指すものに違いない、と思いたいのが我々の心情かもしれない。だが、実際に体験すれば、そのような信念は持ち続けられないだろう。公衆は、ほとんどの危機的状況について、具体的には何が真実で何が正義か、分かっていない。また、人々の間で何が美で何が善か、について合意はない。悪事が目に見える形で現れ、公衆が目覚めることも、一般的なわけでもない。公衆が覚醒するのは、習慣となっている日常生活が妨げられ、ひどい悪事が露呈した時だ。それは、危機を乗り越えるのに有効な調整がなされた時ではなく、正義――我々がたまたまそう判断しただけだが――が、成し遂げられた時でもない。いずれその問題は関心を引かなくなるか、仮にこうしたこと世のすべてが、あるべき姿でないとすれば、公衆はありとあらゆる局面に、常に対処していなければならなくなってしまう。また係わりのある全争点について正義をもたらすべく、真剣に改革に取り組んでも同じことである。このようなことは不可能である。また望ましいことでもない。正義、真理、善、美といったものが、粗雑な世論の介入に左右されるなら、正義などその他がこの世界で達成される望みは、ほとんどなくなるだろう。

したがって我々は、世論の役割から問題の本質に対処する暗黙の責任、専門的な決定を下す義務、正義を目指したり、道徳的訓戒を課したりする義務をやめる。その代わり、問題が危機的状況にある間、危機を終息に向かわせることができそうな人の活動を支持する方向で、人々を一致協力させることが、理想的な世論の役割だと主張する。このような人物［と集団］を見定める能力こそが、世論を磨き、向上させる努力の目的である。公衆に行動を促す研究は、このような人物・集団を識別する明確な兆候を見出すことを目的としている。

論争の中で、現実的な社会規範を支持しているのはどちら側か、非現実的な規範を批判しているのはどちらなのか。また、新しい規範になりうるものを提案しているのはどちら側かといった、大まかで簡単な外面的事実から明らかにするテストとして、このような兆候は適している。こうした兆候を手掛かりにして、公衆は自分がどこに協力すべきかを知るだろう。どちらに付くか、公衆は内在的価値に基づいて判断を下していないことを、忘れてはならない。公衆は、客観的な兆候に基づき、明確な行動基準にしたがって人類の調和のために戦うように見える側についたり、説明不可能な独自の意図に基づく妥協には反対するように見える側についたりして、自分が持つ影響力をそこに委ねるに過ぎない。

この理論では、世論は潜在的影響力を有し、公共の問題が危機的状況にある時に、動員されるものとなる。世論は本来、非合理的な影響力だが、望ましい諸制度の下にあって、健全な指導と正しい啓発がなされれば、そうではなくなりうる。世論の影響力は、愚かな主張に対抗して有効な法のために尽くす人の味方になりうる可能性があるのだ。この理論からすると、世論が法律を作ることはない。しかし、不法な権力を無力化することによって、法律が作られる地盤を固めることはできる。世論は、判断を下したり、調査、立案、説得したり、取引や問題を解決するものでもない。しかし世論は、好戦的な集団を抑制することによって、知性を活《い》かしうるだろう。自分たちの意向だけを主張する妨害勢力に対抗し、自らの理性に基づき行動する用意のある人をまもるのが、世論の最も理想的な姿である。

世論の本領は、理性に即して絶えず改革を行うことにあるわけではない、と言われるが、それはもっともだ。いかに絶対的で、説明責任を負わない権力でも、危機的状況を招くことなく統治している間は、それに対し世論が異議を申し立てることはない。[動き出すには] 誰かが最初に、専断的な権力に異議を唱えなければならないのだ。公衆にできるのはその人を支援することだけなのである。

3

私の見解では、以上が、世論が効果をもつ上限である。世論は通常、問題の中身についてよく知らず、横暴に介入する以外にはないのである。それに口を挟む必要はない。問題に強い関わりのある人は、問題の本質に対処する必要がある。だが、間接的な関係しかない場合には、賞賛したり非難したり、用紙に印を付けたりすることしかできない。それで、他の人が道理を主張できるように最大限のことをしたことになる。

世論が問題を直接に左右しようとすれば、失敗に終わるか、専制に陥るか、そのいずれかだからだ。世論が理性的に問題を統制するのは不可能であり、［直接的に］対処すれば必ずや全面的に影響が及ぶ。デモクラシーの理論はこの事実を認識していなかったが、それは統治の作用と国民の意思を同じものと見ていたためである。だが、そのようなことは絵空事だ。法律を立案・制定したり、数十万人もの政府当局者を通じて法律を施行したりするという込み入った仕事は、決して有権者の行為によるものではない。また、有権者の意向の現れでもない。

政府の活動は、世論の意向ではないが、政府の主な機能は、世論が単純に、大雑把に、そして断続的に行うことを、具体的に、より詳細に、長く継続して実施することにある。社会で実効性のある法律を強化する場合もある。法律を解釈する場合もある。ある種の攻撃性を感知し処罰したり、新しい法律を立案するのを統轄したりもする。また政府は、不正規な暴力組織に対抗するために、［警察などの］力を組織化してきた。

政府もまた、世論と同様、腐敗に陥り易い。直接に利害関係のある当事者の合意によって、安定的な調停を図るべく介入するのではない場合がそうだ。つまり、政府が政府当局者の意向を押しつけるために介入する場合、政府は強引で、愚昧《ぐまい》で専制的となり、暴利を貪りさえする。政府当局者は、新聞の読者よりも問題を理解し易い立場にあり、行動もずっととり易い立場にある。だが、それでも、基本的には、介入する現実問題では部外者である。部外者たる政府当局者は、一歩引いた観点から見ることができ、直接責任を負う人を間接的に補佐する場合には、政府当局者の行動が最も適切なのである。

したがって政府については、民意の現れというよりも、こういうべきであろう。——つまり、一部は選挙で選ばれ、一部は任命された人から成る集団である。そして、たまたま世論の対象となり、注目を集めるようになった諸問題について、真っ先に、職業的に処理する集団である、と。直接責任を負う当事者がうまく調整できなかった場合、政府当局者が介入するのである。政府当局者が失敗した場合には、その問題に対して［最後にまた］世論が影響力を持つようになるのだ。

4

さて、これまで述べてきたことが、我々が探求してきた公共の行動の理念である。どのような問題であれ、公共を構成する者は、直接合意による解決に結びつくよう努めるべきであり、また、（当事者間の）〈均衡〉状態を生み出すべく専念すべきである。そしてそこで発明、創造、実行といった社会的な発展などに係わる業務、法や道徳律の制定といった司法の適用業務、技術や経済運営を扱う業務は、世論や政府に課されている責任ではない。そうした問題に現実に責任をもって担う専門家たる人々に課されているのであり、問題が生じた場合は、個々の利害関係者が解決するのが理想である。利害関係者だけがその問題の本質を知っているからである。政府当局者や、郊外から通勤する時に電車の中で新聞の見出しを読んでいる［外部の］人間が決定を下しても、利害関係者の間での合意による解決には及ばないのだ。結局、世論の高まりによって道徳規範や政治理論を押しつけるということは、不可能なのである。通常そうであり、また長い目で見てもそうなのである。また専制的な権力が排除され、直接合意に達する場合に、達成されることが多い。

世論の役割は、危機的状況で力の行使を阻止することであり、妥協を求める人々が共存できるようにすることなのである。

原注（第一部）

1 Philip Guedalla, *The Second Empire* より引用。

2 Logan Pearsall Smith, *More Trivia*, p. 41.

3 Simon Michelet, *Stay-at-Home Vote and Absentee Voters*, pamphlet of the National Get Out the Vote Club; also A. M. Schlesinger and E. M. Erickson,"The Vanishing Voter," *New Republic*, Oct. 15, 1924 と比較。有効な一般投票の割合は一八六五年から一九二〇年に八三・五一％から五二・三六％に減少した。

4 Charles Edward Merriam and Harvey Foote Gosnell, *Non-Voteing : Causes and Methods of Control*.

5 James Bryce, *Modern Democracies*, Vol. II, p. 52.

6 A. Lawrence Lowell, *Public Opinion and Popular Government* 補遺と比較。

7 Robert Michels, *Political Parties*, p. 390.

8 Logan Pearsall Smith.

9 J. Arthur Thomson, *The Outline of Science*, Vol. III, p.646 で指摘されている。

10 *Creative Evolution*, Ch. III. ［アンリ・ベルクソン『創造的進化』（合田正人・松井久訳、筑摩書房、二〇一〇年）２８０ページ］

11 拙著 *Public Opinion*, Chapters XXV and XXVI と比較。

12 拙著 *Public Opinion*, Chapters XIII and XIV と比較。

13 一八三二年の選挙法改正案における演説。*Times* (London), July 12, 1923.

14 *The Revolutionists Handbook*, p. 179 への序文。

15 *Parties and Party Leaders*, p. xvi.

16 H. Delbück, *Government and the Will of the People*, p. 15. Roy S. MacElwee による翻訳。

第二部

The Question Aristotle Asked
The Nature of a Problem
Social Contracts
The Two Questions Before the Public
The Main Value of Public Debate
The Defective Rule
The Criteria of Reform
The Principles of Public Opinion

PART II

第六章

アリストテレスの問い

これまでの結論は、一般に受け入れられている民衆政治［デモクラシーのこと］の理論とは明らかに異なるものである。この民衆政治の理論の概念は、公衆が存在するものとし、公衆が物事の方向性を決める、との信念に立っている。だが私は、このような公衆は幻想にすぎないものと考える。それは、抽象的に考えられたものである。鉄道会社のストライキに関心のある公衆とは、鉄道を利用している農場主かもしれないし、農産物の関税に関心のある公衆には、そのストライキ最中の鉄道関係者が含まれているかもしれない。私見では、公衆とは、固定的な人々の集団ではないのである。公衆とは、ある問題に関心があるものの、行為者を支持したり反対したりすることでしか影響力を行使できない個々人の集合に過ぎないのだ。

こうした、その都度、形成されるに過ぎない公衆は、議論の中で生じてくる良い点を生かせるとは思わない。だから、公衆が多少自信を持って支持できるのは、容易に見分けられるよう適切に選択肢が提示されている場合に限られるのだ。だが、そのような形で選択肢が提示される場合は、あるだろうか。そのような選択肢を見つけるのは可能なのか。人々が学習したり、活用したりできるように、選択肢は提示されるのか。本書第二部の各章では、こうした問いに答えていきたい。

選択肢は、問題の本質があまり分かっていない場合でも、認識できるものでなければならない。しかも、それは問題の解決と関連していなければならない。また公衆の構成員に対し、問題解決を推し進めるには、どのように自分たちを位置づけるのかを、知らせるものでもなければならない。つまり、十分な情報を与えられていない人を、賢明な行動に導くのに役立つものでなければならないのである。

〔政治を取り巻く〕状況は複雑である。だが、人々の政治的認識能力は単純である。この懸隔《けんかく》を埋めるのは可能だろうか。この問いは、アリストテレスの著作『政治学』第七巻で定式化されて以来、政治学で常に議論されてきた。アリストテレスの回答は、市民の能力に見合う程度に、社会を単純かつ小規模にしておかなければならない、というものであった。しかし、〈大社会《グレートソサイエティ》〉で生活している我々現代人が、アリストテレスの忠告に従うのは不可能である。正統派のデモクラシー論者は、世論には無限の政治的能力が備わっていると想定することで、アリストテレスの問いに答えている。だが、一世紀に及ぶ経験からして、このような想定〔の妥当性〕は否定せざるをえない。我々は、この古くからの問いに答えられていない。アリストテレスは、〈大社会〉を拒んだが、我々はそうすることはできないし、デモクラシー論者のように市民の政治的能力を過大視することもできないからだ。我々は、ごく簡単な手法で、極めて複雑な事象にうまく対応する方法を見出せるものかどうか、問わざるをえない。

この問題は解決できる、とあえて私は表明するものだ。人間の限られた能力と、社会の複雑な環境をうまく架橋《かきょう》する方法は確かに存在するに違いない。私が本書で提起するのは、こうした原理についての結論ではないことを、予《あらかじ》め断っておかなければならない。幾つかの実例を挙げながら述べるが、この探究によって明らかにできるのは、せいぜい解決の糸口でしかないかもしれない。問題が常に困難であったことを思うと、そう請け合うことですら、軽率に思える。そこで、デカルトに倣《なら》い、こう言い添えたい。「結局、私は思い違いをしているかもしれない。金やダイヤモンドだと思ったのは、わずかばかりの銅やガラスに過ぎないのかもしれないのだ」[1]、と。

第七章
問題の本質

1

少しデカルトの考え方に倣《なら》って、こう想定してみよう。人の経験などはすべて、世界を一目《ひとめ》、垣間見たにすぎないものだ、との想定である。そうするとあなたにとって良いも悪いも、善人も悪人もなくなるだろうし、愛国者も金の亡者も、保守派も急進派も存在しなくなるだろう。あなたは完全に不偏不党となる。このような見方では、山頂とは海の波頭よりも長く形を留めているものだとか、人は動き回るが木々は動かないとか、そうは考えないし、演説者の叫び声はナイヤガラの大音響より早く止む、などとはまったく考えなくなるだろう。

しかし、より長く経験を積むことで、事物の恒常性にも違いがあるのが分かってくる。昼と夜については分かるかも知れないが、冬と夏についてはわからない。空間の移動は理解しているかもしれないが、時間の経過についてはあまりよく理解していない。そのような時に、自分の社会哲学を形成しようとすれば、その時点での人々の行動を見て、人々はいつもそうするよう運命づけられている、と結論づけてしまいがちである。そして、あなたがその日に見た人々の性格は、永遠に変わることはないと思い込んでしまうのではないだろうか。その結果、それぞれの国、民族、階級や、性別に関して、同時代に集積された詳細な報告書にほとんど注意を向けずに書かれた論文などは、通用しないだろう。

観察の期間が長くなると、あなたは変動の多様性に気付くようになり、最後にはヘラクレイトスの考えに賛同して、万物は流転する、と言うようになるだろう。星々や岩石にすら歴史があると考えるようになると、人々やそれらの制度や慣習、習慣や理想、理論や政策は、相対的にしか続かないように見えてくる。そして、一見不変と思えたものも、より長期間観察すれば、他より変化の速度が少し遅いだけだ、と分かるに違いない。

長期の経験を積んでいけば、人間の性格も含め、人生に影響を与えているさまざまな要素は変化しているものの、同じペースで変化しているわけではない、との結論に至るに違いない。人は生まれ、成長して、学習し、そして老化し、消耗して、死を迎えるのだが、その速度はさまざまである。個人も、仲間もそうだし、身の回りの品、制度・組織、信条、欲求、さらには欲求充足のための手段も、変化や持続の仕方は一様でない。物事は一斉に同じ調子で進むわけではないのだ。あるものは早く、あるものは遅れるのであり、推し進めるものもあれば、遅らせるものもある。集団組織内での配置・順序は常に調整されなければならない。

十九世紀には、壮大な一つの進化・進歩とシステムというものに確信が寄せられていた。だが、今ではそれに代わって、無数の進歩・進化の体系が存在しているようだ。それらは結合したり、衝突したりしながらも、相互にさまざまな影響を及ぼす。基本的にはそれぞれ独自のペース、独自の条件に基づいて変化しているのである。

このように、進歩・進化が一様でないということが、人類に問題を突きつけているのだ。

2

十九世紀の歴史をまったく知らない人が、仮に、一八〇〇年から一九一八年の期間に編纂・刊行された『合衆国統計摘要』の一覧を示されたとしよう。その人は、世界の人口が二・五倍に増えた点に注目するかもしれない。世界の交易量が四二倍に、船舶トン数は七倍以上、鉄道路線は三六六四倍になっているのに驚くかもしれない。また、電信が三二七倍、綿花生産高が一七倍、石炭が一一三倍、銑鉄《せんてつ》が七七倍に増加したことに注目するかもしれない。このように一世紀のうちに多様な変化が生じ、人々が大規模な社会問題に直面してきたのを、想像できるだろうか。

しかし、このような数字だけから、人口移動の大きさや、人々の職業、労働の特徴、欲求、生活水準、野心に大きな変化があったと、歴史を全く知らない人は推測できないかもしれない。一八〇〇年に存在した政治制度は、こうした新しい状況に応じ、大幅な変更を要することとなっていたのかもしれない。一八〇〇年当時の安定的で、小規模、そしてほぼ自給自足の考えに基づく自己完結的な社会には合っていた習慣やマナー、道徳が、未曽有《みぞう》の試練に直面し、おそらく全面的に改められる必要にせまられたことは、推測できるだろう。また、一覧表の背後にある現実を想像しても、こうした客観的な数字に要約される変化を乗り切りながら、自分たちの古い習慣や理念と衝突してきたこと、新しい習慣や調和を作り出す過程で、物質的発達は期待できても、多くの無秩序や心理的混乱が生じ、試行錯誤を続けながら進まなければならなかったと推測できよう。

3

問題の本質をより具体的に説明するため、人口問題を最大限に単純化して考察して差し支えあるまい。最初にマルサスが人口問題に言及した際、立論の方法として、異なる速度で進展する二つの要素を想定した。彼はこう言った。――二五年ごとに人口は倍増する。同じ期間に土地の生産高の方は、「その時点での生産高に相当する」[2]だけ増産できるだろう、と。マルサスの記述は、一八〇〇年当時のことである。英国の人口を七〇〇万と見積り、人口に対し十分な食糧供給があるとしていた。したがって、一八〇〇年当時、何ら問題がなかった。彼の人口増加率の予測によれば一八二五年までに人口は二倍になるが、食糧供給量も二倍になる。そこでは人口問題などは生じないだろう。だが、一八五〇年までに、人口は二八〇〇万に達する。食糧の供給量は七〇〇万人の増加を養う分しか増えない。人口過剰問題が生じ、いわゆる食糧不足問題が生じるのだ。例えば一八〇〇年と一八二五年には、各人に入手可能な食糧は同じだろうが、〔人口と食糧の〕増加率が等しくないため、一八五〇年には（各人が〔入手可能なのは〕）四分の三だけになる。マルサスがまさしく問題と呼んでいるのは、この点である。

では、マルサスの主張を少しばかり複雑にして、一八五〇年には、人は小食になり、食糧配給量が四分の三でも適応できるようになる、と仮定しよう。そうすると、食糧と人口という、二つの変数間の調整は問題なくなり、一八五〇年には何ら食糧問題は存在しないことになる。だが逆に、こう仮定してみよう。——一八〇〇年に入ると、人々はより高度な生活水準を要求し、より多くの食糧を求めたが、食糧は必要なだけ増産できなかった、とする。こういう新しい要求が出てくると、問題が引き起こされることになる。前述の事例[3]のように、マルサスの推測より食糧供給は速く増加するものの、人口増加はそうではなかった、と仮定しよう。彼が予測した時点では、当然人口問題は生じず、産児制限によって人口増加が抑えられたとする。彼が最初に述べたようにこの場合も、問題が起きることはない。[4]あるいは、人々の消費より速く、食糧供給量が増加したとする。その場合、人口問題ではなく、余剰農産物が問題となろう。

完全に静態的な社会では、何ら問題は生じない。問題は変化の結果生じるのだ。しかし自己完結的な要素の変化では生じない。異なるペースで変化する別の要素と比較して判断するのでなければ、変化には気付かないだろう。宇宙に存在するすべてのものが一分間に一マイル膨張したり、同じ割合で縮んだりしているのなら、我々はそれにまったく気付かない。我々に言えるのは、神の目から見るなら、我々はある瞬間には、蚊ほどの大きさでしかないが、次の瞬間には象ほどの大きさなのかもしれない、ということだけだろう。蚊と象とか、椅子と天体という規模《スケール》の空間的変化でないと、我々には見分けられないからだ。変化が意味を持つのは、何か他のものとの関係性の中に限られるのだ。

問題を生じさせる変化とは、二つの従属変数の関係が変わるものである。[5]例えば、自動車が都市で問題とされるのは、自動車が多すぎるためではなく、道路の幅に対して自動車の数が多過ぎることである。また、適切な運転者数が足りないためであり、現在の警察の取り締まり能力からして、無謀な運転をする車が多すぎ、あまりにも狭い道路にあふれているためでもある。古い市街地の道路が拡幅されるよりも速いピッチで自動車が生産されるためであり、分別やマナーを身につける前に自動車を手に入れる人がいるからである。警察官を採用し、養成し、給与を支払うのに、納税者からの収入は遅く増える状態で時間がかかるのに、それより速いスピードで自動車が都市に集中するからでもある。そして、混雑や有害な排気ガス、衝突事故といった、自動車問題が明らかになるのだ。

こうした害悪は、自動車がもたらしたように見えるが、自動車に責任があるのではなく、自動車と都市の関係に問題があるのだ。これは些細なことと思われるかもしれないが、この点に触れずに、問題を明確に定義することは、決してできない。そして解決への道は開けないのだ。

例えば、国防問題だが、参謀本部内部の意図で必要兵力を概算し、提示することなど、決してありえない。必要兵力は、仮想敵国との関係においてのみ計算可能なのであり、戦争か講和かという軍事問題は、常に兵力の比率にかかっている。軍事力は、まったく相対的な概念なのである。かの英国海軍も、チベットでは、武器を持たない山岳民族に対して子供同然であり、無力である。フランス陸軍も、太平洋では小型漁船に対抗できない。兵力はその目的に照らして評価しなければならないのである。トラとサメは比べられないのである。

さて、衝突するかもしれない勢力の間で、兵力の割合が安定的で、相互に甘受された状態にあるなら、それは軍事上平和状態なのである。したがって、お互いに競い合っており、常に不均衡な状態になっているなら、それは戦争の前兆にある。米国がカナダとの国境線に軍事問題が存在しないのは、カナダと米国の兵力が等しいためではなく、幸運にも、米国が自国とカナダの兵力を比較する必要がないためである。両国の兵力は、相互に無関係な独立変数であり、一方の変化が他方に影響することはない。主力艦に関しては、今のところ米国海軍は大西洋・太平洋の問題に直面していない。現在［一九二五年］、比肩しうるのは、英国と日本の二大国だけだが、その両国とは保有する割合について、協定で合意しているためである。[6] しかし、全種類の船舶の割合が対象とされなければ、大西洋や太平洋で問題が発生しかねない。また、ワシントン条約が破棄されれば、決着がついていた問題が再燃することとなろう。さらには、三ヶ国の海軍は調整されてきたが、それが崩れ、三ヶ国が他国との均衡を破るようなスピードで増強を図るならば、問題は再燃するだろう。

4

経済活動の分野は、多くの問題の発生源となる。経済学者の［グスタフ・］カッセルが指摘するように、[7] 我々は経済的という言葉に、人間の欲求充足のための手段として、「通常、入手可能な量の限られた」との意味を含めている。「文明化した人間すべての欲求」は、実際上はすべての実用的観点から「際限がない」ため、常に経済生活のあらゆる面で、「欲求と欲求充足の手段の間で調整」をしていく必要があるのだ。この需要と供給の不均衡が、絶えることのない問題の原因である。

だが、人間の欲求とその充足を図る手段の調整の領域は、すべてが自分たちの研究分野だ、と経済学者が主張しないことに、すぐ気付く。経済学者は、例えば人は空気を吸わなければならない事など、普通考えない。空気は無尽蔵にあり、それを必要とする人間が欲求不満に陥ることもないし、余分な空気が、生活に影響することも、まったくないからである。しかし、空気が不足するという事態はありうる。例えば住宅密集地では、それが考えられる。そうなると、例えば一人当たり何立方フィートの空気が必要と建築法で定め、それを満たさなければならないといった、経済的問題が発生する。つまり、経済学者は、自分の関心領域は、人間の欲求とその充足手段の不均衡にあると考えており、やはり利用可能な充足手段は限定されているのである。経済学者にすれば、あらゆる欲求が満たされた世界には、問題は存在しない。また、人々が欲求を持たない世界にも、問題は存在しない。さらには、人々の持つ欲求が自身の意識の状態を変えることで満たされる世界でも、問題は存在しない。問題が生ずるには、少なくとも二つの変数が必要であり、二つは従属変数でありながら、別個の変数でなければならないのである。すなわち、欲求と充足手段である。また、既存の均衡が崩れ、「新たな状態や調整が生じるためには」これら二つの変数が変化する性質を有していなければならない。

先のカッセルが言うように、欲求と欲求充足の手段との調整が、経済システムで確保されていると評価される場合、それは健全な経済と言える。「この課題は三つの異なる方法によって達成できる。第一の方法は、重要性の低い欲求を排除し、全体としての欲求を低減することである。第二の方法は、当該の目的を達成するため、有効な手段を最大限利用することである。第三の方法は、個人が一層努力することである」[8]。

この問題は需要と供給の不均衡により発生するため、解決策は供給の増加か、需要の抑制に見出せるだろう。方法の選択は、次のことによって決まる。第一に、個々の具体的な事例でどの方法を採りうるか。第二に、可能性がある場合、どちらが容易か、どちらが望ましいかである。いずれの方法でも、我々が解決策と認識できるものが提示される。どちらの期待に背くこともなく、二つの変数が調整されている場合、問題は存在せず、何らかの問題が生れるとは考えられないのである。

第八章
社会的契約

1

宇宙の森羅万象では、すべてが相互に他と調和しているとは考えられない。［米国の哲学者］サンタヤーナ氏が本質の領域と呼んだものは別として、我々の知る調和、想像しうる調和とは、部分的調整であり、相容れない目的については、何か他のある目的のため、犠牲にしている。木は我々のために果実を実らせ、我々は果実を蝕《むしば》む虫を躊躇《ちゅうちょ》することなく殺す。果実は我々のために実る。我々はおびただしい数のハエとは非協調的だが、それを気に留めない。

永遠という観点からすると、この世界での調和が、人間にとって都合がよいものか、昆虫にとって都合がよいものか、などということは、まったく取るに足りないことであろう。永遠という観点や、宇宙全体という視点からすると、善悪や、相対的な良悪しなど、我々に判定できるものなどないのである。価値にかかわる観念はみな、宇宙のある部分を他の部分から評価しているだけであり、宇宙全体は、その重さを測れないように、全体を評価できないものなのである。価値や重さを測る尺度は、すべて宇宙の中に組み込まれているのだから。宇宙全体を評価するというなら、神のように宇宙の外側に身を置いて、人間の知性では到達しえない観点から評価しなければならないのである。

そのようなわけで、ハエにとっては不幸なことだが、我々はどうしても人間の価値観でハエを判断することになる。我々がハエを支配する力を有している限り、我々が確立しようとしている調和に、ハエは従わせられる。ハエが人間に対抗し、自ら調和を確立できるのなら、そしてハエがそれを望むのなら、我々は危険を顧みず、そちらの方が良いと考え、ハエの理論上の権利を認めるかもしれない。だが、我々にとって好ましいこととは、人間に好ましいというだけなのだ。我々の世界は、ハエがそう理解しているものではない。すべて我々との関係で成り立っているのであり、何か人間以外の観点からすると、人間の世界観は歪んでいる。それが重要視するものや、その観点は、すべて人間の意図通りに作られているのだ。物の形や色、匂い、音さえも、その性質は我々の感覚器官に左右されている。我々は自分たちの必要性の観点から、それらの関係を見て、理解している。

人の関心や目的、欲求といった領域では、物の見方は一層狭《せば》まる。そこに人間らしい物の見方などというものは存在せず、人々の物の見方が存在するだけである。人類全体や、人間の歴史全体、地球のあらゆる地域に当てはめうる物の見方などは存在しない。正誤や善悪、快不快の評価は、時と場所により変わる相対的なものなのである。それは、ある状況、ある場所、ある時点の、ある人にしか、当てはまらないのである。

2

このように深遠な多元論を背景に、思想家は不毛な議論を繰り広げてきた。思想家は社会有機体や国家・国民の精神、大霊《oversouls》［R・W・エスマンの造語。宇宙に生命を与えるもの］、集合精神を考え出した。ミツバチの巣箱やアリ塚、太陽系、人体を類推して、巧《うま》く当てはめられると考えた。また、より高度な統一体を求めてヘーゲルに行き着き、団結の基盤を見出そうとルソーの一般意志に行き着いた。しかし、人は同じように考えることも、同じものを求めることもないのである。人々の個人的関心はあまりに異なっているので、何か共通の関心でまとまるのは容易でないのだ。だが、人は自分一人では生きていけないのであり、他者の行動を考慮しなければ、自分の個人的な目的を実現することすら不可能なのだ。それでも、多様性を受け入れ、同化する統一体を見出せる、との期待はもはや持てない。対立や相違点があるのは、疑う余地のない現実であり、否定できない現実である。そのため我々は、目的の一致を探すのではなく、目的の調整のみを探し求めるのである。

我々の言う〈大社会《グレートソサイエティ》〉での問題の解決とは、二つの相反する利害に一時的妥協《モーディ・ヴィヴェンディ》を見出すことを意味しているだけかもしれない。実際にすべての相違点が取り除かれる可能性もあるにはあるが、一方の利害関係者が他方に譲歩したか、両者が第三者に譲歩した可能性もあるのは言うまでもない。だが、大半の社会問題の解決は、このように明快ではないのである。あらゆるものがジグソー・パズルのように、完全にかみ合っているわけではない。利害が対立している場合には、少しずつ譲歩し合い、過剰な敵意を持つことなく共存するしか途《みち》はないのだ。対立した利害は、一致を見ないままである。関係者の考えは依然として異なる。意見や目的の一致はない。それでも衝突に至ることなく、自らの道を進み、相手の援助を頼みとする場合さえも見られる。関係者は自分の権利と義務を知り、何を期待すべきか、何を期待されているかを承知している。権利は、主張されるほど大きくないのが常であり、義務は考えるほど軽くない。ある程度強制されているため、行為の表現は分かりやすく、予測可能なため、人々の間に相容れない利害関係があってもそこに協力が成り立つ。

歴史上のどの時期にも、権利と義務からなる「暫定協定《モーディ・ヴィヴェンディ》」は、通常、宗教や観念の上で相当に大きな拘束力を有している。ある時代に称賛される思想家は一般に、その時代の制度や法律、道徳、習慣は神による啓示を受けたものである、と主張する。だがそれは、退屈な幻想であり、幾度も論破されてきたものだ。社会に浸透している《権利と義務の体系》は、社会に積極的に関与している利害関係者間の〈力の均衡・関係〉を定式化したものだが、実際には少し以前の〈力の均衡・関係〉である。そこには常にある程度の時間差があるのだが、オグバーンはそれを〈時間的な遅滞〉と名付けた。したがって、人々が教え込まれる権利と義務の体系は、最適と判断したものより幾分古くなった、旧式のものの場合が多い。だが、その体系が時代遅れであろうとなかろうと、元をただせば権利とは、誰かが強く主張した要求であり、義務とは、誰かが押しつけた責任なのである。

3

現行の権利と義務の体系は、人々の相反する目的を調整するよう考えられたものである。既得の権利とは、ある種の行動が、国家の組織的力により支持される、との約束である。少なくとも、社会的感情で支持される、との約束である。義務とは、ある方法で他者の権利を侵害した場合は罰せられる、との約束である。罰としては、死刑、資産剝奪、権利停止や、非難の表明が考えられる。要するに、権利と義務の体系とは、法廷や国民感情が支持する約束の総体である。これは固定的な体系ではなく、地域により違うし、時代により変化する。また、社会の性格により異なっている。しかしそれは、人々の行為を多少なりとも、理性的なものとする。また、相容れない目的を追求する自由について、それを限定し、範囲を限ることで、多様性の中にある種の連携を生んでいる。

　このような約束には、強制力のある法律に具体化される場合もある。例えば、〈それをなせば、汝《なんじ》をこの罰に処すものとする。故に、汝は何々をしてはならない〉といったものがそうだ。約束が、二つの集団間の契約に基づく場合もある。その場合、契約を結ぶ義務はないが、一旦結ばれた契約は実行されなければならない。実行しなければペナルティが課される。約束が、キリスト教教会の法典に基づく場合もあり、それにも従わねばならない。罪を犯した者には、罪の報いが実際に訪れるか、将来待ち受けているのだ。約束が、慣習に基づく場合もある。それも守らねばならず、守らなければ、必ずや非協調の代償を支払わせられる。さらには、約束が、習慣に基づいている場合もある。その習慣は実行されなければならず、実行しなければ、自身の習慣を破ったことで心理的な不安をひきおこすことになろう。

　何か特定の権利や義務を強制すべきか否かという問題や、いかにしてそれを強制するか、警察によるか、国民の批判によるか、それとも個人の良心によるか——という問いに、演繹《えんえき》的推論で答えることはできない。それに答えを出すのは、社会で優位を占めている利害関係者であろう。各々が、自分に好都合で望ましいと思う社会的な調和に、最も近い権利と義務の体系を、全力で押し付けるのだ。その体系は、各利害関係者が行使しうる力を反映したものとなろう。その規則が役に立つと感じた利害関係者は、その規則を正当化しようとする。一方、不都合と感じた利害関係者は、その規則を攻撃する。両者の攻防の武器は、議論である。極めて客観的な理性への訴えですら、結局は一方の目的を捨て、もう一方を支持するものであることが、判明するであろう。

4

利害関係者の間の論争で、あるルール（規則）についての評価が問題となることがある。議論は、ルールが望ましいか否か、何らかの罰則でそのルールを強化すべきか否か、などに焦点が当てられることになろう。こうした議論が発端となり、社会の特定のルールが、説得や強制によって制定、強化、修正される。

傍観者たる公衆は、問題の評価に立ち入ることはできない、というのが本書の主張である。公衆は外部から判断を下さねばならないため、直接関与している利害関係者のうち、いずれかを支持することしかできない。そのため、公衆の関心を特定の問題に向けてやることはできない。それでは、どのようなものに向けられるのか。議論のどのような面に公衆の関心を向けられるのか。

誰かが異議を唱えて初めて、公衆は問題の存在を知る。また、もう誰も異議を唱えなくなった時には、問題は解決している。関係者のすべてが容認するものならば、どんなルールをも公衆は正当とみなす。公衆の問題についての関心は以下のことに限られる。つまり、ルールは必要であって、実施されているルールは強制されるべきであり、強制できないルールは、定着しているルールにしたがって修正されねばならない。したがって、あるジョン・スミス氏という人物はあれをすべきだとか、これをしてはならないというような、一般の人の意見を言っても、それは重要でない。一般の人はジョン・スミス氏の動機や欲求を知らず、そのようなものには関心はないのだ。しかし、ジョン・スミス氏が約束したことを実行すべきだ、ということは社会的関心事である。人々の間で結ばれた社会的契約が、強制され、定められたルールに従い、修正されることのない、社会組織は存在しえないからだ。権利と義務の体系により、人々の相容れない目的を調整しなければ、問題は絶えず発生するだろう。

公衆の関心は、ルールや契約、慣習そのものではなく、ルールや契約、慣習の運営体制の維持に向けられているのだ。公衆は法秩序に関心はあるが、法律には関心がない。つまり、法の運用には関心はあるが、法の内容には関心がない。〔社会的な信用と倫理的な価値観に基づく〕契約の神聖さ、尊厳には関心はあるが、個々の契約には関心がない。慣習に基づく合意には関心があるが、個々の慣習には関心がない。これは、利益に関わる問題に関与している人は、結局、一時的妥協を見出さねばならないという事に関係している。つまり公衆の関心は、機能しうるルールにあるが、機能するルールによって行動が限定・制限されるものの、行動が予測可能となり、その結果、人々の相互の調整が可能になるのだ。公衆は投票、ストライキ、ボイコット、支持により、賞賛したり非難したりすることで圧力をかけうるのだが、それが効果をもたらすのは、古いルールを強制したり、必要とされる新しいルールを提案したりする人を後押しする方法に限られる。

このような理論では公衆は、法や道徳を制定・行使する主体ではなく、せいぜいのところ〔必要な時に出てくる〕予備役として、法や道徳の秩序や精神のため、動員されるに過ぎない。私は公衆の〔独自の〕ルール制定能力を否定するが、だからと言って現在、公衆が果たしている役割を放棄すべきだと言っているのではない。虚構を捨て去るべきだ、と述べているに過ぎない。公衆が問題の中身に立ち入ろうとすれば、騙《だま》されるか、知らぬ間に特定の利害関係者に協力させられる結果となる。共通の利益はただ一つしか存在しないからである。そのため、特定の利害関係者はみな、定められたルールにしたがって行動しなければならない。ルールとは何かと問う時点で、公衆は競合する利害関係者の視点に立ち、個人的、階級的、地域的、国民的偏見の領域に入り込むのだ。公衆は、〈ルールとは何か〉と問うてはならない。その問題に公衆は答えを出せないからだ。何らかの権利と義務の体系は必要だが、特に神聖視すべき特別な体系などはない。公衆がそれを認識しているならば、そういう公衆は社会問題の解決に協力できるであろう。

第九章

公衆が直面する二つの問題

人々は数多くのルールに従って生活しているが、そのルールに支障がないうちは、公衆が関心を寄せることはない。公衆が対応を迫られるのは、支障が生じた場合だけだ。従うよう求められている人がみな受け入れている慣習や、何ら問題を生じることもなく履行されている契約、守られている約束が関心をひくことはない。要望・要求もそれが充たされている間は、問題とされることがない。また、たとえルール違反があっても、適切に処理されるなら、公的な問題とはならない。つまり違反が立証され、侵害が明確に確認され、罰則が定められ、それが課されているなら、問題ないのだ。罪を認めることで違反者と特定される場合もある。罪を否定しても、然るべき手続きにより［違反者と］特定される場合もある。〈ルール〉──私はこの言葉を法令だけでなく、捜査、判断、強制のための方法も含めて使うのだが──、その場合もルールは損なわれていない。何ら躊躇《ちゅうちょ》することなく公衆が、ルールを管理している権力者に力を貸しているケースもある。

ルールの正当性、つまりルールそれ自体の目的、論理的根拠、適用方法などに対して、疑問が持たれていない場合には、公衆にとって何ら問題はない。だが、そのルールの正統性に疑いがもたれている場合、公衆は、何に協力すべきか、判断するのに、簡単で客観的なテストを求める。そのテストは、次の二つの問いに答えを出すものでなければならない。

問その一、そのルールに欠点はないのか。

問その二、ルールを改正できそうな機関・行為主体を、どのようにして見分ければよいのか。

公的な問題の解決に最大限影響力を発揮するため、公衆が答えなければならないのは、この二つの問いだけだ、と言っておかねばならない。ただ、問題を解決するのに、誰かが回答を出さなければならない問いは、この二つの問いに限られないことである、注意したい。無知なまま介入するのを避けようというのならば、公衆の構成員が実際に関われるのは、この二つの問題だけなのである。

では、どのようにして、ルールに欠点があると分かるのか。また、どうすれば改革を見分けられるのか。この二つの問いへの答えを求められた場合、[具体的な]問題を実際に理解していなくとも、即座に答えられなければならない。そのようなことは可能だろうか。知識がないままで賢明な行動をとることなどできるのか。

これは一見、矛盾しているように思えるが、以下の四つの章で述べる方法をとれば、それは可能だ、と私は考えている。

第十章

国民的な議論の主たる価値

ルール（規則）によって行動を制約・抑制されている人は、ルールの内容に関心を持つ。しかし、自分の行動を制約しているわけではないルールについては、最大の関心は実効性のある可能なルールに向けられる。

そのため関与する公衆としての範囲は、固定的ではない。それは、争点によって変化する。つまり、ある問題の関係者が、別の問題では傍観者になったりするのだ。このように人は常に、主導的な立場と、［傍観者的な］大衆の一員としての立場の間を行き来する。第三章で述べたように、二つの領域の区別は、厳格で絶対的なものではない。自分の意見により主導的立場に基づいて行動しているのか、誰か別の主導的立場にある人物の意見に影響されて行動しているだけなのか、その判断は難しい。境界線の曖昧な中間的ゾーンが存在するのだ。二つのタイプの行動様式には混合型もしばしば見られる。あらゆる事例に明瞭な境界線がない上に、こうした混合型が存在しており、公的態度と私的態度の著しい混合を許容しているのだ。公衆の中には、受け入れうるルールの必要性という、国民共通の要求にしたがって行動しているだけだと思い込んでいるメンバーもいるし、実際には自分たちの都合に合わせてルールを曲げるように行動しているにもかかわらず、国民共通の要求にしたがって行動しているかのように装っている人物も、紛れ込んでいる。そのため、問題について公衆の見方は混乱させられているのだ。

したがって、最初に私利を優先するグループを見極め、そのことを考慮しておくことが重要である。しかしこう言ったからといって、自己利益の拡大を図る者の結束を非難するつもりはまったくない。非難しても無駄だろう。人間というものは、それが可能だと思えば、いつでも自分に利するよう行動するものと見て、差し支えないからである。どのような社会でも、自制や犠牲を人に期待する政治理論など、検討に値しない。人々が自分の個人的利益を追求し、そうして得た直接的な内部情報が示すように動かなければ、〔経済・社会の多岐にわたる〕実世界をまわしていけるかどうか、定かではないのだ。また、十分な自覚を持ち、特別な観点から徹底的に検討した上で、実施する調整の方が、はるかに実際的であろう。

また、啓蒙的な公的討論の真髄は、私的利益を隠蔽したり、検閲したりすることではなく、私的利益をなしとげるのを助けたり、独自に実現することにある。ただ私の定義する真の公衆は、それと混同されている〈私利を図る集団〉を除くものでなければならない。私の意図は、私的利益は悪しきものであり、私利を画する集団は除外しなければならない、というのではない。私利を企てる集団のどれか一つが、偽りの影響力を手にした場合、私的利益の間の調整がうまくいかなくなるためである。実際の調整だけに関与するはずの真の公衆が、どこかの私的利益を優先するために動員されるなら、調整は誤ったものとなる。その問題での実際の力関係を反映していないため、解決は失敗に終わるだろう。真の公衆はあまり長い期間、結集していることはできず、解体してしまうだろう。公衆が解体する際に、不当に勝ち得た個人的利益の恩恵は手に余るものと判明するのだ。六人の警官によってジャック・デンプシー（プロボクサー）の胸の上に据えられ、警官たちが夕食をとりに帰った後、その場に残された男のようなものだ。これはまさに、ドイツに対して連合国支援の下、勢力を維持しつづけたフランスのようなものであり、同国は連合国が欧州から撤収した後もその影響力の関係を保ち続けたのだった。

私利を企てるグループを公衆から分離する際、〈私利を図る集団〉の協力は得られないだろう。農場経営者、実業家、労働組合員の誰もが、出来る時はいつでも自ら公益を名乗りたがるのは、周知の通りだ。では、いかにして彼らの私利私欲を見破るのか。普通の傍観者で、無私な公衆を、私的利益の追求に加担させようとする宣伝につき、それを察知する能力のある者はいない。これは、おそらく民衆政治が最も当惑する問題であり、傍観者がとりうる手段は議論を求めることだけである。傍観者には議論の価値について判断できない、と思い込んでいる人がいるかもしれない。しかし、傍観者が完全な自由討論を要求すれば、各主張をする者が相互に暴露し合うに違いない。公開討論からは何一つ結論は出ず、どのような問題も何ら解決策が明らかにならず、主張者とその支持者の本心を露呈させるだけだろう。だが、公開討論で彼らが真の公衆と確認されれば、議論の主な目的は果たされたことになる。

直接関与していない個人が、私利を図る集団の側に加わり、その目的を後押しすることもあろう。

しかし、少なくとも自分がある集団に加担していたと認識し、部分的集団の目的を全体の目的と取り違える傾向は、かなり弱くなるであろう。

第十一章

欠陥のあるルール

1

ルール（規則）を破った者の中には、後に自分の行動を公然と正当化する者がいる。これは最も単純で分かりやすい、ルールの正当性に対する攻撃である。それは公の判断を求める訴えである。

その人は、旧来のルールよりも、別の優れているルールがあると思い、それにしたがって行動した、と主張しているのである。公衆はこの二つの重なるルールについて判断すべきなのだろう。だが、公衆には、この問題の本質的価値［の評価］に踏み込むのは難しいと思われる。当然ながら公衆は、ルール違反者に対し、ルールに違反する前に、「なぜ事前に関係者の同意を求めなかったのか」と尋ねなければならない。違反した者は、時間がなかったとか、危機的状況での行動だった、と答えるかもしれない。

その出来事が公衆にとって重大な問題でないなら、知人は彼に感謝するか、愚か者呼ばわりするかして済ませるかもしれない。だが、状況が明らかに例外的な［緊急］事態なら、どうか。――実際に新しいルールが制定されることなく、利害関係のある当事者が結果を穏便に収めるのに最善を尽くすなら、人々は満足するかも知れない。しかし、緊急事態ではなかった場合にはどうか。改革を志すその人には同意を求める時間はあったものの、自分の行為が最善だという理由で、同意を求めずに行ったらどうか。その人は厳しく非難されるだろう。そして、相手方の異議申立てがほぼ認められることになろう。

専断的に改変・改革を行う権利は、実効性のある原則として擁護できない。意図するところがいかに素晴らしくとも、それに従わなければならない人々が、予《あらかじ》めある程度、理解し、承認しなければ、新しいルールが実効性をもつと期待できないからだ。当然ながら改変・改革を目指す者は、完全に検証されてもいない教説《ドグマ》によって自分は非難されようとしている、と答えるだろう。そうかもしれない。新しい改変・改革案でのルールは、同意を要する、との原則に反する歴史的事実を挙げることもできる。逆に人々の意向に反して改変を押し付けた政権が、後にその実績を高く評価された例も数多く見られる。〈同意は不可欠である〉との教説は絶対的なものではなく、道徳基準のようなものである。そうはいっても、それは社会に不可欠な前提である。新しいルールすべてが、同意を必要としなくなれば、誰にでも独自のルールが作れるようになり、［実効性ある］ルールなど存在しなくなるからだ。そのため、教説を維持するためには、例外があること、また力量のある例外的な人物を認めることで、どのような教説にも風穴を開けられる、と知り、柔軟性を持たせなければならない。社会のルールは例外に立脚できないので、時には例外が認められることの正当性を証明しなければならない。

したがってルール違反が正当なものか否か、という検証が同意についての検証となる。そこで問題となるのが、同意について検証する際、公衆は、どのようにして十分な同意があったか否かを判断するかである。いかにして公衆は、この体制が専制勢力により強要されたものか、あるいは、実質上同意を得ているものなのか、をどのようにして知るのだろうか。

2

我々は、同意の有無を知りたいと望んでいる。公然と異議申立てがなされたならば、同意が十分でないことが分かる。同調への拒否が広がっていれば、同意が欠けているのが分かる。同意を得ていて、実効性のあるルールなら、異議を申し立てられたり、度重なる違反を招いたりすることはない。公衆の一員として我々は、異議申立ての重大性や違反の広がりをどのようにして評価すればよいのか。

3

極めて少数の人しか論争に直接関与していない場合、公衆はまったく口を差し挟まないのが最善である。当事者が異議申立てをしても、このような論争に判断を下す《公的な審判機関》（裁判所、行政委員会等）を開くことに異議が唱えられないなら、「ごく少数の」当事者の抗議は無視されるだろう。関係者にどれほど悲惨で、重大であっても、公衆は調停の細部に関係するよう、要求できない。私人対私人の抗議を公的な問題として論ずることはできないのだ。公的な問題となるのは、《公的な審判機関》が疑問を呈する場合、何か別の審判の場でその問題の検討が求められる場合に限られる。このような論争では、公衆は相互にチェックし合う調停機関に頼らざるをえないのだ。新聞を読む時間が一日三〇分程度という、多忙な人々から公衆が成っていることを思えば、細部に関して公衆は判断できないと考えるのは当然で、別に、［公衆に］冷ややかな目を向けているわけではない。単に慎重なだけである。

だが、議論に加わる人が多い場合は、必然的に公共の問題となる。多くの人が関わっている場合、広範囲に影響が及ぶというだけでなく、穏便に調停するために、公衆は行使しうる力をすべて、駆使する必要があるからだ。

公衆は、多数派側の異義申立てにも、考慮しなければならない。だが公衆は、このような異義申立ての存在を、どのようにして知るのか。その場合、公衆は、その代弁者《スポークスマン》が権限を与えられているか否か確認しなければならない。代弁者の権限の有無を、どのようにして見分けるのか。支持者からある行動をとることを委ねられ、同意の権限を与えられた代表者か否かを、公衆はどのようにして判断するのか。見かけ上のリーダーが、真のリーダーであるかどうかは、普通は公衆には、即座に実績に基づいて答えられない問いである。それでも、経験則に基づき、多少は自信を持って、何らかの形で答えねばならない。

経験則としては、見かけ上のリーダーが実際のリーダーではない、という側に証明責任を課すことが重要である。つまり役職からして、外見的にその様相を付与されているリーダーが、真のリーダーである、ということを否定したいのなら、そちら側が証明責任を負うべきなのである。国と国の関係では、相手国の政府がどれだけ非難すべき存在であっても、公然とした反逆が生じていなければ、世論は相手国の状況を変えることは難しい。他国の領土で政治活動をするといった、絶望的な仕事に取り組むのでないのなら、国は罷免させていない役職者に、その国を委ねる以外に道はないのだ。公然と反逆がなされたり、より穏やかな代替手段として、近い将来選挙が実施されたりするのであれば、安定的な政権が樹立されるまでは、長期的な合意は見合わせるのが得策かもしれない。だが、調停を行うのであれば、政権を掌握している他国の首都にある現在の政府との間で、調停を行うべきである。

いくつかの修正や変更を加えつつではあるが、国内の大規模団体についてもほぼ同様のことがいえる。例えば炭鉱労組の役員が見解を出す場合には、組合員である炭鉱夫の声を代弁しており、雇用者がそれを否定するのはまったく馬鹿げている。雇用者は、組合幹部が非組合員の炭鉱夫を代弁していないことを指摘すべきなのだ。だが、争点となっているのが、組合の承認を要する問題であり、組合が指導者に疑いを持っていないなら、権限を付与されているものとして公衆はその指導者を受け入れねばならない。

では、組合内に指導者に対する異論がある場合はどうか。公衆はどのようにして組合員の異議申立ての重要性を評価するのか。批判していることが正しいか否かを見極めるのが目的なのではなく、ここでは代弁者が成員に実際に責任を持てるか否かを見極めることだけが、目的であったことを思い出していただきたい。公衆は、批判を評価するに際し、批判派の数や戦略的重要性、さらには裁定により、［提案や行動への賛成や支持が］どの程度、承認のレベルを下げうるかといったことに、関心を払っている。だが、公衆にこの種の判断を望むとすれば、それは過剰な期待というものだろう。たとえ批判の重要性を評価できたとしても、それは大雑把《おおざっぱ》で、表面的なものに過ぎないだろう。代弁者が批判を唱え、また、代弁者としての資格に異論がない人物が、批判はするものの、公然と反抗しない場合、公衆は関心を払わない。それは組織の内部の問題である。考慮されなければならないのは、従わねばならないと見なされていることに従わない、と脅している批判勢力だけである。

このような場合、選挙で選ばれた代弁者ならば、次の選挙までは承認を受ける資格を有している。選挙で選ばれた代弁者でなく、批判勢力を抑えられないのが明白なら、その代弁者に対する承認は暫定的なものでしかない。実を言えばこのような基準は、批判の重要性を評価する基準ではない。批判があってもどうにか決着にこぎつけるような調停によって批判勢力の効果を許容している基準なのだ。それらの基準を実効性のある一般原則とするため、代弁者の同意があればそれで、多数者の承認が検証されたことにする、との修正を加えている。

4

［ルールの遵守にたいする］従順性を検証することは、承認の検証と密接に関連している。規則や慣習、法律、制度が公然と批判される場合、ルールは既にごまかされているか、じきにそういう事態が予想されるからだ。人は従順を望んでいる、という仮説には、かなり信憑性がある。また、どのような集団に属する人であれ、異論を口にし、その代償を負うという気になるものだという議論には、おそらく反論の余地があるだろう。しかしより確かなのは、その集団には、批判（の範囲）を越えて、不服

従を実践している人が多数いる、ということだ。その主張は間違っているかも知れず、改善策は馬鹿げたものかも知れない。しかし、何らかの個人的リスクを冒して公然と批判したという事実は、ールがあまり機能していないことを示すものだ。したがって、批判が広まっている場合には、その批判は考えられている以上の重要性を持っている。それは大抵、ルールが不安定になっている兆候の現れである。

ルール違反がたまに見られるのではなく、頻繁に生じる場合、そのルールには欠陥がある。ルールは、それに従って暮らしている人に期待される行動を規定しているだけではない。そのルールは何か崇高なものと思われているかもしれない。だが、それは役に立たないのだ。ルールが関係を調整するのではない。実際に社会を成り立たせているのは、ルールではないのだ［その実効性なのだ］。

公衆は、そのルールのどのような点に欠陥があるのか、具体的に判断できない。公衆は、承認の検証と［ルールの遵守に対する］従順の検証という、先に示した二つの検証法によって、そのルールは欠陥があると判断できる。しかし、公衆にはその欠陥が判断できない原因が何なのか、関係者の力関係の変化を誤って評価したことに起因するものなのか、重要な利害関係や何か関連する事情を無視したことに起因するものなのか。あるいは、調整技術の未熟さに起因するものなのか、ルールに矛盾があるためなのか。はたまた、曖昧なためなのか、ルールを解釈したり、一般的なルールから特別な規則を除外したりする装置がないためなのか、公衆は判断できないのだ。

私の理解では、もしルールが欠陥を持っていると判断され、それを修復するのに最も適切な機関を特定するため、行動する必要がある。だが、それには通常の［組織・機関の］力自体の限界があり、新たな組織機関の関与が必要である。

第十二章 改正・改革の基準

1

偶然集まっているだけの傍観者だが、その公衆が、今日のすべての問題に関与したいと望んでも、それは不可能だ。場合により公衆が役割を果たすこともあるし、またそうすべき場合もあるにはある。しかし、変動する複雑な社会では、公衆が日々起きているすべての問題に関心を持つのは不可能であり、大まかな判断すら下せないだろう。また、どれだけ強い党派心に基づくものであっても、公衆は行動に移そうとはしないだろう。公衆は通常、多少なりとも優秀な人から成る専門的集団に任せるのだ。ほとんどの問題は、この支配的グループの外部には決して聞こえてこない。公衆に聞こえてくるのは、議論の残響だけである。

利害関係者と、公職にある有力者の駆け引きにより、多少なりとも妥協点が生み出され、それが続いていれば、権力を与《あずか》っている党は国民の信任を得ていることになる。実際、部外者は、優位を占める当事者から離され、蚊帳《かや》の外に置かれている。利害関係にある集団間で合意が成立しない場合、そしてその結果、混乱が生じ、危機的状況が長引いている場合、国民は当事者間の対立を望んでいると、考えられる。そうなると利害関係者は、傍観者を自分の側に取り込めるようになる。

事態が順調な時は与党を支持し、事態が順調でない時は野党に投票する。与党と野党は、［マザーグースの］トィードルダムとトィードルディのように、似たりよったり言われてきたが、これが民衆政治の本質である。軍隊や警察といった、国家の組織的な権力を誰が指揮すべきか決める際には、我々の知る限り、最も知的で素晴らしい公衆でさえも、結局は野党か与党を選択することになるのだ。選択の余地のない社会には、民衆政治は存在しない。そのような社会は、何らかの形態の専制支配か、ロビー活動をしている政治家の陰謀に操られているだけなのだ。

与野党に根本的な相違があるかのように語るのは、政党支持者の常だが、安定した成熟社会では、その相違は必ずしも根本的なものではない。これは証明されよう。相違が重大なものなら、敗れた少数派は、常に、反乱を起こしかねない状態となるのだろう。実際にはあらゆる選挙で、勝者には敗者の生活を耐えがたいものとするつもりはまったくなく、敗者は賛成できない政策でも気持ち良く受け入れる、との前提に立っている。そうでなければ、選挙は破局的なものとなろう。

合衆国、英国、カナダ、オーストラリアや欧州大陸諸国では、選挙運動員が選挙で口にするような一言は、それほど意味を持たない。［選挙の結果、政権交代、政治家や役人など］新しい顔ぶれが登場しても、実際の政府運営や政策において大きな変化は生じない。与党が集産主義《コレクティビズム》に傾いているかもしれないが、野党は個人主義《インディビデュアリズム》に傾いている場合もある。警戒心の強い与党は対外的に非国際協調主義的だったとする。これに対し、野党はより国際協調的になるか、他のことで警戒心を抱いているだろう。与党がある製造業者を優遇し、野党は、農業関係者に肩入れするかもしれない。〔政治的相違や意見の相違はあるが〕確立された慣習や不可欠な社会的必要性といった、合意のある領域が広範囲に見られるのに対し、〔厳しい〕対立のある相違は極めて小さい。実際、国が政治的に安定している時には、選挙結果が極端な影響を及ぼすことはない。

つまり、安定した社会での選挙戦では、真剣さはある意味で見せ掛けだけといえる。国の命運がかかっているためというより、ただゲームの成り行きに興奮しているだけの場合が多いからだ。酔った時の熱気のように、心底から興奮している場合もある。だが、その多くは、大多数の無気力な有権者を興奮させるために、資金をつぎ込んで意図的に煽《あお》られたものなのだ。与野党の実際の相違は、せいぜい次のようなものだ。与党は、権力といわれるものを追い求め、あまりにも諸々の政策や特定の勢力に関係しているため、決断の際に中立を保つ自由を失っている。そのため与党は、連携してきた勢力の専断的な動きを阻止すべく介入できない。その結果、次は野党が権力を掌握し、均衡を回復する機会が訪れる。この政権交代における野党の長所は、〔現時点で〕偏重されすぎと見なされている特定の政策や利害とは、関わりを有していない点にある。

憂慮すべき問題の有無により、与党が問題にうまく対処しているか否か、評価が下される。前章で述べたように、改革の必要性は、人々の合意や同調を検証することで見分けられる。しかし、一般市民には各々の問題の改革者は誰なのか、どの政党なのか特定できない場合が多い、というのが私の見解である。問題が解決に向かっているか悪化しているか、の判断を積み重ねることで、与党か野党かの選択がなされねばならない。改革を望む者は、通常、支援を支配的な当事者に求めねばならない。

しかし、世論を洗練されたものにするつもりなら、このような大まかな判断ではなく、今日、衆目を集めている重要問題について、もう少しきめ細かな判断をしなければならない。公衆は、政治問題や諸政党を通して理解できる問題にのみ、関心を持つわけではない。そのため、傍観者を個々の議論へと導くための、何らかの判断基準が作れるか否かを考える価値はある。

議論に参加している者のうち、明瞭で大まかな客観的テストにより、最も公衆が支持するに値するのはどの人物、集団かを、つきとめることが課題となる。

2

ルールが単純な場合、その妥当性が疑問視されることはない。違反の有無については疑問の余地がなく、違反者は簡単に特定され、疑問が生じない。公衆は法の担い手を支持するが、法がうまく機能している場合には、公衆の支持は、優良銀行の金準備のようなものである。そこに存在すると分かっており、不安を抱くことはないので、引き出す必要がない。しかし議論の分かれる分野の多くでは、ルールは曖昧であるか、正当性に疑問が投げかけられている。当事者が互いに相手をルール違反と言い、双方が自分こそ人類の最も高貴な理想のために活動している、と主張している。国家間、利害関係者間、階級間、都会と農村、宗派間の論争には、調停のためのルールがないため、プロパガンダが交錯し、議論が混乱している。

この種の議論のもつれを解くのが最も難しいのだが、公衆に判断が求められるのは、こうしたテーマなのである。事実関係が極めて不透明な場合や、先例がない場合、また、あらゆるものに新しい変化が生まれ、その一方で複雑化し混乱している状況が広がっている場合に、――決して適任とは言えないが――公衆が、極めて重要な決断を下さざるをえないのだ。最も難しいのは、このように諸機関が対処できない問題である。それが公衆の問題となるのだ。

こうした状況の下で、公衆が利用できる検証法が一つある。質問に対する自分たちの主張を全部、提示しないことに強くこだわるのは、論争中のどのグループか、また〈その結果を最も受け入れたがらないのはどのグループ〉かに注目することである。私はどのような時でも専門家は専門家であるとか、公正な〈審判機関〉は確かに公明正大なのだ、などと言っているのではない。公衆が経験したことのない、複雑な問題に介入せざるを得ない場合、主張する者の真剣さや、審査に耐える自信、また、人倫にかなった調停を実現する信念のために進んでリスクを引き受ける意思について、公開質問によるテストが、公衆にとって最も確かな手掛かりとなる、ということである。また、人はある裁定に異議を唱えることができる。しかし、その人は少なくとも別の審判の場を提案しなければならない。この検証法は、確立されたルールがない場合に、法の枠組みと法に定められた手順にしたがって行動する意思があるかどうかを問うものである。

世論が採用できる検証法で、最も一般に役立つのは、質問によるテストである。当事者が進んで受け入れれば、直ちに論理的に考える空気になる。そして合意に至る期待が持てる。受け入れられない場合、少なくとも行動に移るのが遅くなり、問題解明の機会が先延ばしになる。また、論争者の中で最も独断的な人を探し出し、明確に特定できる可能性が極めて高い。当然ながら、これは、国際連盟規約や[9]［一九二四年のジュネーブ議定書たる］「国際紛争の平和的解決のための議定書」[10]の下で、最近のあらゆる経験を想い起こさせる、いわゆる法的決着がつけられない問題の本質である。この質問によるテストで確かめられるのは、以下の点である。論争が存在すること。理非が明らかでないこと。採るべき方針が確立していないことである。そして、それにもかかわらず、部外者である公衆は、こういう。——論争する者は、この問題を処理する法律があるものとして行動すべきだ。たとえ理にかなった結論を出すための材料がなくとも、我々は理にかなった方法や考え方を要求する。つまり必要なら我々は、正当な要求充足を延期しようと、論争者のうち誰かが敗北し、不当行為が行われる危険性だろうと、どんな犠牲を払ってでも、それを要求するのだ。我々がこのような事態を容認するのは、あらゆる議論は平和的な合意によって解決できる、との原理に基づき社会を維持しているからだ、と。

それが実現しない場合もあるかもしれない。だが、我々の社会はそのような教説に依拠しているのだ。そして我々はその教説を遵守するよう強制されている。それにより当惑させられるような結果が生じることがあろうと、自制しながら何とかその教説を遵守できると考えている。理性的精神に基づくあらゆる議論で主張しているうちに、我々は結局、論理的に考える習慣を確かなものとしていく傾向があるからだ。そして、その習慣が浸透している場合には、自分の考え方が絶対不変なものとは思えなくなる。また、人々の間の難しい問題であっても、最終的には双方の妥協方法が存在する。

質問によるテストは、理性の領域を拡大するため、公衆がその力を生かす最も優れた最善の検証法なのである。

3

質問によるテストによって、最初に支持される資格のあるのはどのグループかを、見分けられるだろうか。だが、それが役立つのは一つのグループが質問を拒否した場合に限られる。すべてのグループが質問に答えた場合、何も明らかにならない。また、いずれにしても、提案された解決策の見通しは、まったく不明である。見解の公表に前向きなグループは、隠蔽《いんぺい》すべきことが少なく、そうするのが良いと思っているのかもしれない。だが、誠に残念だが、機密情報の目録《インデックス》など存在しないのだ。それでは公衆は、何を基準として解決策として提示された新しいルールについて判断するのか。

新しく定められたルールが実際に有効かどうか、公衆には分からない。しかし、変動する社会で、どのような場合にも有効なルールなど存在しないだろう。したがって、ルールは、試行することにより欠陥が明確になるよう、制定されねばならない。ルールは、違反が一目瞭然となるよう、明快でなければならない。だが、あらゆるケースを網羅する一般原理は存在しないので、ルールの内に解釈のための一定の手続きが定められていなければならない、ということなのだ。例えば、いくつかの条件が満たされた場合に領土を明け渡す、と定めた条約には、条件とはどのようなものか、どの時点で条件が満たされたことになるのかを厳密に定めておかねばならない。この方法が規定されていない場合、それは極めて不完全な条約として、破棄されるべきだ。つまり、ルールには、違反すると疑問の余地なく明らかにできるよう、明確化の方法が織り込まれていなければならない。そうするだけで、人間の知性では予測しえない事態までも、考慮できるのである。

そうなると、ルールは革命なしで、修正できるよう制定されねばならない。同意による改正が可能でなければならない。だが、たとえ改正を支持する意見が圧倒的であっても、必ずしも同意が得られるとは限らない。人は、自分の権利と見なしていることを主張するものなのだ。公の場で改正について議論する際の、一定の手続きをルールとして定めなければ、膠着《こうちゃく》状態が生じた場合、動きが取れなくなるだろう。このようにしておくことで、障害が取り除かれることはよく見受けられる。そうしなければ、社会《コミュニティ》［一般の人々や市民、社会全体］はほぼ確実に、紛争の一方の当事者を支援する形で関与する可能性が極めて高くなるからである。このような事態はあらゆる関係者にとって不都合なものとなろう。未熟で、過激で、悪しき目的を持つ世論が、論争の中身に干渉し、不都合が生ずれば、少なくとも次回からは、直接的関係者の干渉を避ける必要があることが理解されるだろう。

ルールの改正は可能でなければならないが、それが頻繁だったり、予測不可能なものだったりしてはならない。円滑な改正が習慣となり、慣習となるには時間を要する。常に、鍋を沸騰させておくようにしてはならない。さもなければ自分を重要人物に仕立てあげる好機と見る、言葉巧《たく》みな人物によって、採るに足りない理由で容易に扇動されてしまう。制度には、多くの人の多種多様な習慣や期待が関係している。そのため、それをそのままの状態で固定することなく、安定させていく、何らかの方法を見出さなければならない。それは十分な情報提供が果たされた後の改正だけを、合法的とするならば、可能である。

公衆には、個々のケースでどのような情報提供がなされるか、分からない。自分たちの問題に口を差し挟むのに最も適切なタイミングを知っているのは、利害関係者だけだろう。長期にわたり深く関与してきた人にとっては、通知義務期間はほんの一時期に過ぎないが、短期間だけ関わった人にとってはそうではない。ただし、公衆は、提案された調停に情報提供の原則が盛り込まれているかどうか、確認できる。

ここで、新しいルールを評価するための三つのテストを提案したい。〔第一は、〕そのルールにルール自体を明確化するための規定はあるか。〔第二は、〕そのルールに同意によってルールそれ自体を改正する規定はあるか。〔第三は、〕そのルールの改正が提案された場合、告知する義務を行う規定はあるか。これらのテストは、内容ではなく手続きに焦点をあて、調停の可能性を判断するのに役立つように考案されている。この三つのテストに耐えうる改定は、公衆が支持するに値すると言ってよい。

4

アリストテレス以来引き継がれてきた、この〔人が倫理的な判断を下すための〕問いに、私が現時点で解答できるのは、以上のようなことだけだ。複雑な状況下で、傍観者たる公衆にどの点に協力すればよいかを教える、シンプルな基準を作ることは可能であろうか。

議論の主な価値は、論争の真相を聴衆に示すことではなく、議論によって対立する意見を持つ人々を確認できる点にある、と私は示唆してきた。さらに、現在の行動規範に欠点がある場合、何らかの問題が存在すること、また、ルールの欠陥を判断するには、合意や同調について公衆が検証するのが最善であること、を示唆してきた。改正・改革に際して公衆は、普通、野党を与党と比較するだろうと考えられてきた。だが、こうした大まかな判断は、個々の争点について、より分析的に検証することで精緻化ができるだろう。このように分析的検証法の例として、議論が混乱している場合は、質問によってテストすること、改正の際には解釈や、改正案、情報提供についてテストすることを提唱してきた。

こうした私の基準は、完全なものではないし、最終的なものでもない。このような性質の検証法の多くは、実践と考察によって改善されてきたが、相変わらずこうした検証法を適用できない公的な問題が、数多く残されているに違いない。公衆があらゆる公的な問題に、スムーズに介入できる、と私は思わない。特定の意見に固執したような偏見が、多くの問題の進展を妨げているのだ。つまり公的な問題に対して、公衆が問題について有している、唯一の影響をうけた考え方やアプローチでは、進展しない。したがって、私が概要を述べてきた検証法や、大幅に改善されたそれ以外のどのような検証法も、日々の議論で生じるあらゆる問題に直ちに適用できないとしても、まったく意外ではない。

私としてはただ、次のように主張しなければならない。この種の検証法を行動の指針として用いることができない場合、公衆として採りうる最も賢明な策は、何もしないことだ。もし自制が可能なら、公衆は何も知らないままいずれかの勢力・党派に加わるよりも、中立でいる方がよい。事態があまりにも混乱していたり、勢力関係があまりにも微妙になっていたり、あまりに分かりにくいため、先に概要を示した類の判断に公衆が従わない場合、公衆が口を差し挟めば混乱を引き起こすだけとなる可能性は極めて高い。今日の我々の知的水準では、あらゆる問題を解決することは不可能だからだ。解決の可能性がある問題の多くは、公衆が行使しうるどのような力をもってしても解決しえない。解決できる状況は限られており、人間の宿命といえる問題もある。どのような場合でも必ず何かしなければならないわけではないのだ。

したがって、公衆による問題介入が妥当な範囲は、公衆の判断能力により決まってくる。その範囲は、より適切な新しい基準が考案されたり、人々が経験を積んで一層熟練、専門的になるにつれ広がるだろう。しかし、検証法がない場合とか、こうした検証法が適用できない場合、つまり、役に立つのは論争自体の実際的価値に対する評価だけという場合には、傍観者が採りそうな積極的行動はどのようなものであっても、利益より害悪をもたらすのは間違いない。傍観者の任務は、偏見を持たず静観することだ。有用な検証法の存在自体が、公衆が介入すべきかどうかの試金石なのである。

第十三章
世論の基本原理

1

前章までに概説してきた検証法には、ある共通の特徴がある。こうした検証法はすべて、行動の実例や提案の側面をいくつか抽出するものである。これらの検証法は抽出したサンプルを、特定の基準で評価するものである。その基準は、大まかではあるが、客観的であるだろう。また高度に一般化してはいるが、明確な基準でなければならない。そして公衆はそれらを基準として、争点となっている問題の特定の行為者について、賛否いずれの立場を採るのが妥当かを判断する。

もちろん、私はこれまで述べてきた検証法に固執していない。これはまったく試論的なものであり、単に議論の土台として考案し、世論の性質に合った検証法とすることが可能だと、提示したに過ぎない。しかし、このような検証法の在り方は極めて重要だ。

基本原理は以下のようになる。

（1）執行府として行う行動は、公衆に適するものではない。公衆の役割は、執行府として行う行動の立場にある者に協力することに限られる。

（2）本質的価値の判断、という問題は公衆に向いていない。当事者がなすべき仕事に、公衆は外部から介入する形でかかわるだけである。

（3）問題の予測や分析、解決は、公衆に向いていない。公衆は、争点となっている事実のわずかな断片を基にするだけである。

（4）問題を処理するのに必要な、特殊で、専門的、詳細な基準は、公衆に向いていない。公衆が用いる基準は、さまざまな問題に適用するため一般化された基準である。それらは基本的に手続きと、外部に現れた顕在的行動を基に定められたものである。

（5）公衆に委ねられているのは、論争中の人々が、確立された行動規範にしたがっているか否か、自分の恣意的欲求にしたがっているか、についての判断である。この判断は、当事者の行動が外部に現れたものを標本として抽出して行われる。

（6）標本としての抽出が適切に行われるには、世論の性質に合致し、理性的行動と恣意的行動を判別しうる基準を見つける必要がある。

（7）社会的活動を行うために、ルールの制定であれ、ルール施行や改正であれ、決められた手続きにしたがってなされる。

手掛かりとなる例を抽出する方法を考案し、判断基準を決定するのは政治学者の役割である。デモクラシーにおいて、こうした方法の用い方を公衆に教育するのは、市民教育に当たる者の任務である。それを考えるのは、制度を創った者の仕事である。

＊　＊　＊

2

このような基本原理は、これまで民主的改革論者が進めてきたものとは根本的に異なっている。民衆に自治を教えようとする努力はみな、〈有権者が可能な限り責任ある人の知識や見解に近づくことを目指さねばならない〉との前提に基づいていた、ように思われる。当然ながら、大多数の有権者が、そのごく近くにまで接近できたためしはない。しかし、近づこうとすべきだとされていた。つまり、有権者がもっと多くの事実を教わることができるだけで、また有権者がもっと関心を持つだけで、変わりうる。さらには、有権者がより質の良い新聞をもっと多く読むだけで、有権者がもっと多くの講演に耳を傾け、もっと多くの報告書を読むだけで、有権者は少しずつ公共問題に注意を向けるべく、訓練がなされるであろう、と。――しかし、このような仮定はみな間違いである。これは、世論に関する誤った概念、公衆の行動様式に関する誤った概念に基づいたものである。この中からは、適切な市民教育計画を生み出すことはできないのだ。このような、達成不可能な理想を追い求めていては、何も達成できないのである。

このデモクラシーについての概念が誤っているのは、当事者と部外者の間の根本的な相違に留意していないからだ。それは部外者に、当事者と同じように上手《うま》く問題の本質に取組むことを求めており、根本から歪んでいる。そのようなことは、部外者には不可能である。人間が直面するあらゆる問題に、前もって備えさせることができる教育計画など、ないのだ。危機的状況に際し、執行府として行動するのに必要な、詳細で専門的な知識の先例を、部外者に授ける周知手段や啓蒙の機関などはないのである。

デモクラシーについての理念は、公衆の機能・役割を定義してこなかった。そしてデモクラシーの理念は、公衆をあらゆる物事を動かす未熟な影の薄い限定的な実行者として扱ってきた。この混乱は、社会に対する神秘主義的考えに、深く根ざしている。「一般市民や公衆」を一個人とみなし、その願望を一つの願望とみなし、その意見を一つの意向とみなしている。そして、その集団を、個人を一個の細胞とする有機的統一体とみなしている。こうして、有権者は自分を政府当局者と「同じような存在として」同一視することになった。有権者は、当局者の意見は、自分たちの意見と同じでなければならず、当局者の行動も自分たちの行動と同じでなければならない、と考えようとした。そしてどのようにしてかはわからないが、自分たちを政府当局者の一員と考えようとさえしたのだ。このような自己認識は混乱しており、そこからは、みな自然と、あらゆる事を全員で行ってきたという考え方に向かう。このことが、デモクラシーの限界と達成可能な目的を明確に区分けする妨げとなった。ほとんどの人の活動を漸進的に定着させる訓練の中で、政治や社会教育の目的が曖昧にされ、機能が分離されず、訓練も区分されないまま行われてきた。

そのためデモクラシーは、公衆の教育をまったく進められなかった。教育は、責任ある人々が公衆に対して、求められる生半可な知識を提供してきたに過ぎない。教育の目的は、実は、善良な市民の養成ではなく、大量のアマチュア幹部を養成しただけであった。デモクラシーの教育は、公衆の一員としていかに行動すべきかを子供に教えてこなかったのだ。つまり公衆に対し、何事か干渉すべき必要がある場合に、そこで必要となる知識の一部を、ただ短絡的かつ不完全な形で提供してきたに過ぎない。

その結果、公衆は混乱し、〈訓練の不十分な公職者〉が量産された。責任ある人々は「公民」科目ではなく、ロースクールや法律事務所、ビジネスの中で訓練を受けてきた人々である。自分が責任を負っていると自覚している領域以外については、あらゆる人、公衆一般は、何ら一貫した政治的訓練を受けていない。この国の市民教育は、有権者に複雑に入り組んだ公共問題を、いかにして多少なりとも分かりやすく、まとめる方法を、教えることすら始めていない。

デモクラシーは何とも疑わしい主張を寄せ集め、政治体制に仕立てあげている、と批判する論者が、これまでも、もちろんいなかったわけではない。重要な決断は個々人によってなされてきたのであり、世論は、情報不足で、見当違いであり、干渉的であると、このような批判者は、見なしてきたのだ。批判的な人々はいつも、優れた少数の人と、無知な多数の人の間に、根本的な違いがあると決めつけてきた。しかし、疑いもなくそう信じてきた彼らもまた、皮相的な分析という害悪の犠牲者である。問題とされている根本的な相違は、当事者と部外者の違いなのであり、両者の問題との関わりは根本的に異なるものである。決定を下すことができるのは当事者だけなのだが、それは当事者が生まれながらにして優れているからではなく、彼らが事情を理解し、行動しうる立場にあるためである。

部外者はどうしても知識不足で、いつも見当違いで、たいてい混乱しているが、それは彼らが陸地から船を誘導しようとしているようなものだからだ。優れた自動車工業主でも、文芸評論家、科学者でも、政治についてばかげた事を言うのはそのためである。彼らの優秀さは――仮に優秀な点があったとしてのことだが――自分の活動領域の中でのみ発揮されるのだ。例えば、尊大な理論家は、素晴らしい四角い杭《くい》は、丸い穴にも合う、という誤った考えから、畑違いの事柄に関しても理論を作り上げる。つまり、デモクラシーの理論家は、能力は職務に関連したことに限定されており、人はそれほど有能ではないが、何かの役に立つものであると考える。そして、人を根本から教育するのは不可能であり、何かを教え込むだけにすぎないのだと考える。だが、尊大な理論家は、この問題の本質を見落としている。

したがって市民のための教育、公衆の一員となるための教育は、公職にある者のための教育と区別して行われるべきものなのだ。市民としての身分には、私事と本質的に異なる関係が含まれ、さまざまな知的習慣やさまざまな行動様式が求められる。世論の力は、党派的で、突発的で、あまりにも単純な思考で、表面的であるのだ。これまでの各章で論証を試みてきたように、世論自体が有用な判断基準を獲得するためには、世論は、これまでとは違う論理的思考法を目指す必要がある。

原注（第二部）

1　*Discourse on Method*, Part I.

2　T. R. Malthus, *An Essay on the Principle of Population*, Chapter II.

3　A. M. Carr-Saunders, *The Population Problem*, p. 28.

4　マルサス自身、著書の新版でこの点について認めている。

5　この関係について W. F. Ogburn, *Social Change*, *passim* と、特に、Part IV, 1, on "The Hypothesis of Cultural Lag." と比較。

6　しかしながら火砲をめぐる論争は、非常に多くの要因が変化する状況下で、力の均衡を維持することがどれほど困難かを示している。

7　Gustav Cassel, *A Theory of Social Economy*, Chapter I.

8　同書7ページ。

9　13、15条。

10　4、5、6、7、8、10条。

第三部

Society in Its Place
Absentee Rulers
The Realms of Disorder

PART Ⅲ

第十四章

社会の本来の在り方

1

デモクラシーの誤った理想像は、幻滅を生み、専制政治の介入を招くだけである。デモクラシーが物事を運営できないのであれば、デモクラシーに物事の運営を期待する哲学は、人々に不可能な試みを促すだけだろう。だがそれでは、デモクラシーはうまくいかず、失敗することだろう。そして、個々人の生き生きとした自由を大きく損なうことになるだろう。公衆は自らの力を行使するため、一人ひとりが、自由に生きるべきなのだ。混乱状態の群衆と一緒になって、怒号をあげ、自由を踏みにじったりしてはならないのだ。そのためにも、公衆はこのような立場に置かれねばならない。

2

そのような混乱が生じている原因は、社会を有機的統一体と捉え、社会に目的があるものとしていることによるもの、と思われる。我々は、心、魂、目的がさまざまに関連している男性、女性、子供の集まりとしてではなく、社会を、心、魂、目的を持つものとして考えるように教えられてきた。社会関係の複雑さを現実的に考えることを許さず、我々はさまざまな、大がかりな宣伝活動によって、社会、国家、共同体などという、神話的存在の概念を押しつけられてきたのだ。

　社会を擬人化して考えるようになったのは十九世紀以降だが、それについてはナショナリストや社会主義者の運動が大きく影響している。それらの理論は、公衆を極めて重要な社会的目的の担い手ととらえており、それを、それぞれ独自の方法で強調し、大きな影響を及ぼしてきた。だが実際にはその中でも、ナショナリズムの指導者とその補佐役、社会改革者とその補佐役が実質的な担い手であった。だが、彼らはそれを自ら覆うように、公衆には見えないよう動いていたのだ。そして公衆は、ナショナリズムや社会福祉といった既成概念に合致するものはすべて、支持するに値すると考えてしまうようになったのだ。支配者の考えや行動は、国の目的であり、すべての愛国者の基準、規範となった。そして、改革勢力の見解では、人類の慈善を意識した行動は、不思議なことに、徐々に理想へと向かう、というものだった。

　このような欺瞞《ぎまん》的言動があまりにも広く浸透してきたため、結果的に本心から実践されることとなった場合も多い。しかし、自分たちが目指すものこそが人類の精神なのだと、虚構を維持すべく、公の立場の人は、知りえた真実の一部だけを公衆に伝えることに、自分を慣れさせる必要があった。だが、実際にそのように行動しているのは、ほんの一部にすぎないと、彼ら自身も認めている。公の人生（社会的活動・使命）において正直であることは、生活上のルールではなく、政策の問題になっていたのである。

「彼の判断は正しいだろう」と、ケインズ氏はかつてロイド・ジョージ氏について述べた。「デモクラシーにできることはせいぜい、市民を正しい方向に導くために、騙《だま》し、誘導することだ。真実や誠実さを求めることが、何か美的な基準か、あるいは個人的な基準に基づいている偏見であり、政治における、実用的な善と矛盾しているかもしれない。我々には未だ分からないが……」[1]。

我々は経験から、［政治の世界では］すべてのカードがみな表を上にして並べられているわけではないと、わかっている。たとえ私人としては、正直なやり方に強いこだわりのある政治家でも、事実を政策の一要素として考慮せざるを得ないのは間違いない。この点については確固たる証拠がある。軍の安全を危険にさらしてまで、正直さにこだわる政治家などいない。すべての人に正しい情報を教え、外交交渉を危険にさらす政治家はいない。政治家は普通、率直に語って、選挙での優位な立場を手放したりはしない。また、罪を告白すれば精神的にずっと楽になるからといって、自分の過ちを認めたりもしない。真実の公表を意のままにできる力があるなら、政治家は活動、交渉、連帯意識、名声に必要なことのため、それを利用する。政治家は必要性を見誤ることもある。自分の目的の素晴らしさを誇張することもある。だが、公共問題を目的とする場合には、不用意に意見を表明した場合のプラス、マイナスを比較検討する必要があるのは明白だ。公的立場にある人が、自分の意見が世論と同じだ、との虚構の上で行動することはないし、また、そうしてはならない。

皆さんは、公的立場にある人の不誠実さに、怒れるデモクラシー論者として、彼ら全員を罷免しても、その理由を説明できないであろう。これは個人の倫理上の問題ではないからだ。ジェファーソン大統領は、「我々はもっと速く進みたいと常々思っているのだが、仲間は熱意に欠け、我々は足並みを揃えられるよう、速度を落としているのだ……。こうして大胆さと慎重さを調和させ、我々は有権者とともに一体となって進んできた」[2]と書いている。だが、実業家や、労働組合指導者、大学の学長は、みな同じように感じていた。牧師、編集者、評論家、預言者も。

一丸となって進む集団［undivided mass］が必要なら、真実は二の次にする傾向があるようだ。現実的には、その必要性など現実のものとなるのは稀だ、と言いたいわけではない。政治家が、事実をすべて明らかにすれば、自分の身を危険にさらすことになる、と明かしたとして、その人を私が信用しているなら、その言葉だけで満足する。率直に話さないと、誤解はなく、信じないだけとなる。すべてを明らかにしているふりをされた場合、公衆が公的立場にある人を完全に信頼し騙されている場合に、弊害が生じるのだ。公衆とそれを構成する人々が、すべて意見や考え、目的を一にしている、というが、この欺瞞の弊害の源である。正面から直視すれば、それが馬鹿げた屁理屈だと分かろう。そのような屁理屈は無用の長物である。［例えば、］私たちは薬に関して無知だが、［処方する］医者とうまくいっている。機関車を操縦できないが、機関士とうまくいっている。だとすれば、農業法案の利点に関するテストに合格できなくても、上院議員と協力して仕事を進めることができるはずだ。

だが、我々は帰属意識《アイデンティティ》に基づく結束という観念を、徹底的に教え込まれているから、多かれ少なかれ隔たりのある、さまざまな目的の世界の存在可能性をなかなか認めたがらないのだ。一元論では、こうした風潮が極めて根強い。一緒にまとまっていなければ、ばらばらになり、さまようこととなるのを恐れている、というのだ。多元的国家論は、その主唱者ラスキ氏が述べるように、［国家の優位を相対化し］無政府状態への気配［a hint of anarchy[3]］を帯びているようだ。しかし、この指摘には著しい誇張がある。社会の中で、個別の機能が極めて明確に規定され、秩序に則って調整されている領域《ゾーン》は、無政府状態に最も陥りにくい。国と国の間、雇用者と被雇用者の間や、いろいろな地域、いろいろな社会階層、人種と人種の間について、曖昧にされている領域が、最も無秩序になっているのだ。明確な規定が何もなく、目的の個別性が隠蔽され、混乱している領域や、見せ掛けの結束が賛美されている領域も同様である。そして、特定の利害関係者は、自分たちが国民の代弁者《スポークスマン》と主張しており、自分たちの目的を全人類の目的として、皆に押し付けている。

3

自由主義《リベラリズム》の思想は、このような傾向について最も好意的であった。だが、そのことがこの混乱の大きな原因となっている。自由主義者の洞察は、主に個々人の先入観に向けられた。そのことにより、人間には限界があり、肉体的制約から逃れられないことを証明する方法を見出した。ベーコンが語ったように、人は心の欲望にしたがって物事の幻影を見る、と認識してきた。だが、いわゆる啓蒙時代から今日まで、批判・批評は、人が物事の影を心に従わせていることに厳しい批判が向けられてきた。これに対する反論は、人が自然界に属すると証明されたことによって打ち砕かれた。絶対に確実なものだとの自負は、あらゆる方面から攻撃された。思想や習慣の歴史を示され、自分が時間と場所と環境により制約を受けていることを認識させられた。また、あらゆる意見には偏りがあり、欲望を排除した意見にすら偏見があるのを知らされた。ある時、ある空間で意見を持たざるを得ない人には、世界全体を見ることができない。ある特定の地点から見える世界だけで意見を持つからだ。自分の目で見ることができることは僅かであり、他の人の眼を通して見ることの方が、はるかに多いことを人々は知った。また、あらゆる人の物の見方には癖があり、それはしばしば固定観念となり、それゆえ事実をいつも一つの観点から見ていることが分かった。さらに、半分は伝え聞いたことをもとに、半分は自分の目で見たことを基に世界像を描くため、人間の認識全体は、単純素朴な頭で推測するものよりも、現実の世事に精通していることが分かった。人は物事の幻影を心もとない手つきで扱い、無意識のまま心の中の都合の良い解釈にしたがって、考えているようだ。

　これは不安を掻《か》き立てるような驚くべき新事実であり、自由主義の信奉者はこれにどう対処すべきか、まったく分からなかった。しかし、M・エヴレイノフという劇作家がモスクワのある劇場で、この新事実に一つの論理的結論をもたらしている。彼は、一人《モノ》芝居《ドラマ》を創作した。[4]この演劇で観客はただ一人の登場人物の目を通して、演技や、舞台装置、すべての登場人物を見るのだった。つまり、観客は主人公が見ている通りに、そして主人公が心に描いた通りの性質の持ち主として、登場人物を見るのだ。従来の演劇では、主人公が酔っぱらうと、舞台の中央でよろめく。だが、エヴレイノフの極めて前衛的な演劇では——その演劇についてのマクガバン氏の解説を私が正しく理解しているなら——、酔っ払いが街灯の周りを千鳥足で歩きまわるのではなく、二本の街灯が酔っ払いの周りを千鳥足で歩きまわることになっている。また、酔っ払いがナポレオン・ボナパルトのような衣装を身に着けているのは、（自分が）ナポレオンになった気分でいるからだろう。

エヴレイノフの劇に私は大変当惑した。道化師帽をかぶって、自由主義をやっつけてしまうのだ。その彼は、歪んだ鏡の中に自分の愚行を次々に映し出す、奇妙な世界に住んでいるように見えたのだ。だが、エヴレイノフの論法は欠陥のある空想に過ぎないものだということを、私は思い出す。彼は、自分が創作した酔っ払いの主人公の外側に、いつも素面《しらふ》でいたのであり、観客もそうだった。結局、世界が空想の煙の中に消え去ることはないのだ。酔っ払った主人公が、自分なりの視点を持っているとしても、結局のところ、現実には他者が存在していて、彼が進もうとする道筋で、ぶつかるおそれがあるかもしれないのだ。例えば、その人の空想には警官がいる。実はその人自身が作り出した警官がいて、その警察官が一人芝居に割り込んでくる。そして、我々が内なる欲望によって幻想的な考えに耽っている時でも、物事そのものを考えているわけではないことを思い起こさせる。

こうしたことはみな、リベラルな批判が健全なものだと弁護するものだが、それは当の疑問に答えてはいない。あらゆる行為は、遂行する者がいなければ成り立たないのであり、我々は皆、自分の周りを二本の街灯がよろよろ歩きまわっている［と思い込んでいる］酔っ払った主人公のようなところが多少なりともあるなら、独自の目的に従う人々にとって、どうすれば公共の利益を推進できるのか？その答えは、個々の目的をコントロールすることで可能になるというのだ。ヴァイオリンとドラムが一つに調和しオーケストラになるように、人々を啓蒙し、互いに調和させる必要がある。この答えは、十九世紀には受け入れられていなかった。当時の人々はあらゆる偶像を破壊したにもかかわらず、まだ帰属意識《アイデンティティ》という幻想に囚われていた。そのため自由主義者は調和のとれた曲作りをせず、ヴァイオリン奏者とドラム奏者に、別々のパートを作曲したのだ。それどころか、各パート奏者が才能を最大限に発揮し、堂々とアピールできるよう、作曲したのだ。彼らは人々の頭越しに、呼びかけた。

しかし、こうした一般向けのアピールは、広い範囲に向けられてなさるにつれ、漠然としすぎたものになっていた。それは個々人に、どうすれば誠実に行動できるかについて何も手がかりを与えなかったが、恣意的な行動を採る際には、見事に偽装に役立った。そのため、商業で搾取する者、暴利を貪る者、禁酒法支持者、主戦論者は、自由主義の装いを利用するようになった。さらにはいかさま師やナンセンス作家までもがそれを利用した。

自由主義は、いわば豚を焼くため、家畜小屋まで焼き払ったのだ。その一方で、人は誰でも偏見を有しているという発見は、自由主義者に二度と立ち直れないほどの衝撃を与えた。自由主義者は自分の発見が否定できない明白な事実であることに動揺し、一般論に逃げ込んでしまった。自由主義はすべての人に良識への訴えを行ったものの、誰にもいかに行動すべきかの手がかりを与えなかった。自由主義思想は、自由主義感情を高めるだけで、知的助言をしなかったため、有権者も、政治家も、資本家も、その場その場で自身の行動規範を作っていかねばならなかった。たまたま自由主義と結びついていたに過ぎない自由貿易や自由放任主義が失われた時——というより、実際には自らそれらを放棄したのだが——残念なことに、〈自由主義は必要かつ有用な精神〉であり、また身の回りに置く価値のある親切な亡霊のようなものだとして、自由主義者は自らの行為を正当化した。個々の人間が指針となる哲学を何ら持たず、その場しのぎで考えた理屈にしたがっていて自ら混乱に陥った時、亡霊のように現れ、大げさな演説をして、拡大した先入観の歪みを取り除いてくれるだろうと。

自由主義は、このように具体性を欠く状態にでも、その重要性は変わることがない。自由主義は、より穏健な思想に刺激を与え、それを目覚めさせる契機となりうる。自由主義は、活動の困難さを和らげる。だが、行為者から物の見方の枠組みを取り除いても、その行動を左右することはない。主要な理念は、みなこうあるべきなのだが、自由主義にはあれこれを行うよう、指示することはできないものの、それは公平でない、それは自己中心的だ、それは横暴だ、と指摘することはできるのである。そのため自由主義は、敗者を擁護し、解放する。だが、人が自由になった時、指針を与える存在ではなかった。人は勝者となると、自由主義を簡単に放棄した。自由主義者は解放のための武器を鋳造したものの、生きる方法を構築しなかった――そう辛辣に批判された。

自由主義者は、公衆にアピールしてきたが、公衆の本質を見誤っていた。公衆とは、実は、どのような状況でも当事者の一方を支持することによって、間接的に関与する存在でしかないのだ。だが、自由主義者はこのような見方をせず公衆を過大視している。自由主義者は、人類はみな声の届く範囲内にいるものと想定し、人類の魂は一つであり、声を聴けばみな同じように反応する、と考えていた。自由主義者は、あらゆる人に備わった国際的で、普遍的、無私な直観に訴えてきた［つもりだった］が、それでは誰にも訴えられないに等しかった。

それに対して、積極的に活動する人が人生の指針としてきた政治哲学には、このような誤りは見られないであろう。彼らはみな、悪と戦うには、当然その任務に当たる特別なメンバーを集める必要がある、と考えていた。人類に対し怒りを感じている時でさえ、思想家はこれまで常に誰かを、その社会運動の英雄に仕立ててきた。自由主義は英雄を完全に排除しようと試みたが、これは社会で重要な役割を果たしてきた諸理論では、異例のことであった。

プラトンならば、これを奇異に思ったに違いない。プラトンの『国家』は支配階級を教育するのに相応《ふさわ》しい小冊子である。また、ダンテは、十三世紀フィレンツェの混迷の中で、秩序と安定を求め、良識あるキリスト教世界に語りかけるのではなく、皇帝派に向かって訴えた。ハミルトン、カヴール、ビスマルク、レーニンら、近代国家を築いた偉大な人物は、みな自分の計画を実現する人物、実在する人々からなる集団を念頭に置いていた。当然ながらその担い手としてさまざまな人々が考えられており、地主や小作人、組合員、軍人階級、製造業者などそうである。教会や、特定の国の支配階級、どこかの国や民族に向け呼びかけられた理論もある。自由主義思想を除けば、理論とは誰かに向けてアピールするものだ、とされてきたのである。

自由主義思想は〔それに対して〕どことなく現実離れした感がある。それでも、人々の評価は変らない。その論法には何かしら誤りがあり、実用性に弱点があるにもかかわらず、何故か人々に尊重され続けている。人々がお互いに対話する中で、「人々は平和を熱望している」「すべての人が共存共生できる」ということを示しているのではないだろうか。私はそうだと思うのだが。特定の目的から脱し、何か普遍的目的に向かおうとする試み、個性を脱し、何か没個性的なものに向かおうとする試みは、実は人間くさい問題からの逃避である。だが、同時にその問題の解決をどれだけ我々が、望んでいるかの証しでもある。我々は可能な限り完璧な適応を、我々が生まれる以前の状況を乱すことなく適応するよう、模索をしている。人間は闘う動物だと言う人もいるが、その人の言葉通り、人が闘う動物だとしても、あまりに素早く逃げる敵とは闘いたくない。求める世界は、全力を尽くしてわたり合える敵と存分に闘える世界である。人はみな、自分が完璧に適応することを願っているのだが、能力に限界を持つ人間である彼らの願いは、自分の思うままになることなのだ。

自由主義は、普遍的なものと個人的目的を調整しようとしてきたが、万人の欲求に対応することはできないでおり、不完全で非現実的な思想のままとどまっている。自由主義は、一体性と多元性という古くからの〔哲学的〕問いに悩まされてきた。だが、社会を擬人化してみるのを止めさえすれば、その問題の解決はそれほど難しくなくなる。何人もの別個の有機体である、複数の人々ならば、一個の均質な有機体として統合しうるか否かについて、頭を悩ます必要はなく、それをしなければならないのは、社会を擬人化している場合だけである。このような厄介な論理は、一つの物事からではなく、諸個人間の調整と、諸個人のおかれた状況間の調整全体として、社会を考えることによって一掃できる。その結果、常識で考えれば当たり前のことを、理論面でも不安なく述べることができる。行動するのは個人であって、社会ではないのだ。考えるのは個人であり、集合精神ではない。また、絵を描くのは画家であり、その時代の芸術的精神ではない。戦い、そして殺されるのは兵士であり、国民ではない。輸出するのは商人であり、国家ではないのだ。社会を構成しているのはこうした個々の要素同士のものの相互関係である。特定の対立関係に、主導者として関与していない人々が、公衆として意見を持ち、公衆として介入できる［そして社会の、こうした関係に秩序をもたらしうるであろう］。

第十五章

見えざる統治者

1

私たちは、膨大な数の政治的・経済的力《パワー》が集中するただ中で生活している。そして、モニズム［哲学的な一元論のこと。⇔多元論］の実際の影響は、この力の集中を合理化してきたことであった。社会自体が固有の目的を有する、と考える一元論である。こうした社会の固有の目的を、法律や中央政府の決定として人々に明示すべきだとの考えは、極めて理にかなっていると見なされるようになっていた。共通の目的として受容できる目的は、誰かによって与えられているに相違なく、それが受け入れるべき目的なら、命令という形で強制しなければならない、との考えである。また、もしそれが本当に国の目的と思えるならば、全員を拘束するルール（規則）として課すべきである、とも考える。そして、人はゲーテに倣《なら》ってこう言うだろう。「この一大事業が完成するには、幾千の手を指図する一つの精神があれば足りる」[5]。

〈大社会《グレートソサイエティ》〉への賛辞はこのようにしてなされた。二千年前には、中国やギリシャ・ローマなど、同じ程度の成熟を遂げた文明はいずれも、互いに何ら関心を払うことなく、共存できた。今日、食糧供給や、原材料、製品、通信手段、世界平和は、一つの巨大なシステムを構成しており、そのいずれかが全体のバランスを乱せば、全体が著しい不均衡に陥ってしまうのは避けられないとみられる。

　このような広範囲にわたる複雑な調整が必要なシステムは、頂上から見れば確かに壮大である。今日、先進社会で生活している人はみな、極めて明瞭な形で相互に依存しているのである。「〈大社会〉に」期待を寄せる一部の人が思うように、これは究極の意味での人類の兄弟愛なのかもしれない。だが個々人には、このシステムを常に頂点から見ることも、実現可能な究極の形を見ることもできない。個人にとって実際にそれが意味するのは、物質面での生活水準が向上するにつれ、個人の運命にのしかかる影響力が、測り知れないほど増大し、神経がすり減る、ということである。地方の私の隣人は、ジャガイモを栽培するため借金をしたが、自分でジャガイモを販売して、現金化できない。早急に現金で支払うよう求める村の商店からの請求書を目にした彼には、世界の相互依存社会という、哲学的な希望に満ちた考え方など、共有できるはずはない。会ったこともないニューヨーク市の委託業者が、彼のジャガイモ「の販売」を拒否した場合、損害は干ばつやイナゴの異常発生での災難と同様の、甚大な損害となろう。

　五月に植えつけ、九月に収穫するのは、古くからの宗教的な言い伝えがあるものの、風や天候だけをもとに、決められる話ではない。遠く離れた人々の複雑な計画、取り決めなどの状況に影響をうけている。農民などが自分でどうにかしたくてもどうしようもなく、自分たちにできるのはそのほんのわずかなものなのである。〔現在〕人々は自分の先祖より恵まれた生活を送っているのかもしれない。より豊かで、健康で、おそらくはより幸福かもしれない。だが、人は唖然《あぜん》とするような方法で、見知らぬ他人の態度をあてにして、物事を委ねているのだ。目に見えない形でコントロールされている市場との関係は、決定的に重要である。そこでは自分の洞察力は頼りにならない。人は、自分に見える範囲を越えて〔相互に〕繋《つな》がっている鎖の一つの輪に過ぎない存在となっている。

販売の技術・知識と予測の役割は、人が行った仕事とその結果の隔たりについて、評価することにある。ディブリー[6]によると、ランカシャーの生産物を市場で売り込むため「ランカシャーをはじめ他の町の販売組織は言うまでもないが、マンチェスターやリヴァプールの貿易商や倉庫業者は、綿加工業界全体で必要とされる額を上回っている額を資本として投入した」。また、アンダーソン[7]の推計では、一九一五年にシカゴに入荷した穀類の六二倍が先物取引で売られていた。それだけでなく数えきれないほどの現物取引も行われた。目に見えない不確かな市場に向けて生産する場合、「企業家の初期計画[8]」が適切なものになりうるはずはないのだ。ごく大雑把で、費用が嵩《かさ》む場合が多いものの、販売術と予測によって調整されうるのである。

このような状況下では、工程の最初から最後までを自分でコントロールする熟練工の規律も、倹約、節約、努力などの美徳も、必ずしも成功へと導くものとならない。〔かって〕『完璧な英国商人[9]』でデュフォーはこう言えた。「売買は、人々が気晴らしで仮面をつけて芝居をする舞踏会ではない。……地道な生活の一面、よく目にする平凡な一場面であって、……慎重さと節約に支えられている。……したがって慎重に経営し節約に努めれば、いかようにも富は増えるだろう」と。ベンジャミン・フランクリンなら、こう言うだろう。「正直な者はすべてを手にし、（避けられない出費を除いて）手に入れたものすべてを蓄える人は、間違いなく金持ちになる。世界を支配するのは人間なら、誰もがみな真摯な努力に対し恩恵を期待するにちがいないが、それは賢明なる神の摂理に基づくものではなく、別の方法で決められるものだ」と。ごく最近まで若い人々に奨励されてきたのは、まさにこのデュフォーやフランクリンの言葉であった。だが、全能《オムニコンピテンス》の神の気まぐれについて容認し、かなり慎重なフランクリンの考えは、必ずしもそこに入っていたわけではなかった。近頃では成功のための金言に、倹約を含めることはあまりなく、ビジネスに対する考え方や教訓の方が増えている。新しい金言は、大げさなうわべだけの言葉の下に、漠然としてはいるが熱意を込めて、ビジネスで成功するには、目には見えない周囲の環境も頭の中に映し出さねばならない、と指摘している。

このような必要性から、大規模な組織への強力な傾向が生み出された。農場主は、経済の邪悪な勢力や巨大な独占企業、壊滅的な競争から自分を守るため、中央集権化した巨大な販売代理店を設立する。実業家は巨大な事業者団体を結成する。大勢の委員や、数えきれないほどの事務官に至るまで、誰もがみな業界団体を結成する。こうした傾向は広範に見られる。私の記憶が正しければ、ナショナル・スマイル・ウィークを名のる団体もあった。いずれにせよ、ネブラスカ州での経験で分かったように、酒を禁止したいなら、あらゆる場所で禁止しなければならない。ネブラスカ州は国際貿易を規制するには力が弱すぎ、単独ではやれないのだ。また、ある社会主義者は、社会主義は社会主義者の地球でしか生きていけない、と信じている。ヒューズ国務長官は、資本主義は資本主義者の地球でしか存続できない、と確信していた。帝国主義者はみな、後進的民族を向上させずにはいられないのだった。そして、クー・クラックス・クランの団員は、憎悪を全国的規模で組織的に宣伝すれば、今までよりはるかに憎悪が広く蔓延《まんえん》すると信じ込んでいた。一九一四年以前のドイツ人は、「世界の列強になるか、没落するか」の選択を迫られたし、数年後の一九一九年、フランス人は、他の国がみな不安定にならないと、欧州で「安心」していられなかった。予測不可能な環境の下、自分に都合がよいと思うことを、自分の活動と関係のあるすべての人の基準とすることで、安定を求める衝動と考えられるさまざまな徴候が見られた。

　そのためには、より多くの人を同じ法と慣習の下に置く、不断の努力が必要である。また当然ながら、拡大する領域での立法・執行の管理を担う機関も必要とされた。その結果、意思決定は中央政府や、遠く隔たった行政事務局、議員会《コーカス》、議員運営委員会に集中した。こうした権力集中の良し悪しや、それが永続的か一時的かはさておき、以下の点は少なくとも確かである。――中央で決定を下すこれらの人は、自分の支配下の人や、対処する現実から遠く隔たった所にいる。たとえ代理人や受託者として、誠意を有していたとしても、彼らが国民の意思を遂行していると言うのは、まったくの虚構である。巧みに民衆を支配しているかもしれない。国民が協議に積極的に参加させることによって支配しているのではない。国民にできるのはせいぜい、結果の一部だけを判断して、行動するだけの有権者に応え、大雑把な政策を策定することだけだろう。全体というものは個々の利害関係の計り知れない多様性を覆い隠す、と政治家は、考えているからだ。法律尊重主義や官僚支配として政策にみられる抽象化、一般化は、政治家の悪しき習性である。一方、被支配者には、政治家には決して想像できない、全体像の生き生きとした側面が見えている。だが、彼らには、自らの地域的偏見を普遍的真実と勘違いする悪癖《あくへき》が浸透している。

〈決定を下す中央〉と〈主な社会活動の現場〉の距離の拡大は、世論の原理を根底から覆した。その原理は、これまでの理論家が依拠していたものだった。[10]〔例えば〕一世紀前の民衆政治のモデルは、有権者の意見は隣人との会話により形成・修正されるというもので、小規模の自己自足的な郡区をもとにしていた。もしかすると住民は、魔女や霊魂、外国人、別世界について、怪しげな考えを抱きかねない。だが、村自体について徹底的に議論されることはなく、奇抜な出来事が起こることはほとんどない。起きたとしても長老たちが少々工夫を凝らして慣習法という自分たちが馴れ親しんできた慣例の下、うまく対処できた。

　しかし、統治者が見えなくなると、このような意見のチェックが行われない。因果関係の隔たりが大きくなり、生起する間隔が大きく開くため、誤りがすぐに明らかになることはなくなる。条件を付ける要因は、離れた所にあり、我々の判断にそれらが如実に反映されるわけではない。現実は近づき難く、主観的な意見の範囲は広い。相互依存社会では、慣習や客観的行動規範より、むしろ欲求が人間の行動基準となる傾向がある。人は、他の者の安全を犠牲にして全体の「安全確保」の計画を練り、他者の嗜好や楽しみを犠牲にして全体の「道徳規範」を考案する。あなたが何かを望む時、何をしたいと思うかで、国の運命が決まるからだ。行為と経験の間が拡大し、原因と結果の間の距離も拡大して、変化が生じた。思想家が各自の見解を検討し、自らの感情について感覚を研ぎ澄ます自己表現への傾倒が助長されたのだ。その結果、思想家が事態の成り行きにさほど大きな影響を与えなかったとしても、驚くには値しない。

2

〈大社会《グレートソサイエティ》〉には中央集権的傾向があるとの説は、何ら抵抗なく認められたわけでなく、それに対する反論が繰り返し示されてきた。[11] トクヴィルによると、地方公共機関が存在しなくとも、国家自体が自由な政府を作り出す可能性はあるが、その場合、そこには自由の精神がない。権力の一点集中は、権力の掌握を容易にするのだ。フランス革命の時――、［英国の経済学者］アーサー・ヤングは地方住民にこう問いかけた。「あなた方は何をしようとしているのか」。答えはこうだった。「分からない。私たちはパリがどうするか確かめなければならない」。地方の利益を、遠く離れている中央が扱っているのだが、多忙で他の事に気を取られている人は、地方について粗雑に対処している。かといって、地方が政治的能力のある人物を選び、訓練することもなおざりにされたままだった。中央当局は過重な仕事を抱え、官僚と事務官から成る巨大な階級組織に膨れ上がった。彼らは無数の書類の山を処理し、日夜、書類上と格闘しているが、現に存在する物事や人に対処することはほとんどない。フランスのある教育相の有名な自慢話は、中央集権化の最たるものと言えよう。彼はこう語ったという。「もう三時だ。今、フランスの第三学年の生徒はみな、ラテン語の詩を創っている」。

この点について、これ以上詳細に論じる必要はないだろう。中央集権化が進むほど、関係者が意見を述べたり、自覚的に承認したりすることは、できなくなる。また、規定されるルールは適用範囲が広がるほど、事実や特別な事情は考慮されなくなっている。定められたルールと地元での経験で、摩擦が大きくなるほど、原因から遠ざかる。性質が大まかになるほど、ルールは強制し難くなる。一般原則は個別の要求を無視する傾向がある。遠く離れた場所から課すルールは、同意による拘束力がない場合が多い。人々の要求に合わなくなるにつれ、そして人々の意向から離れるにつれ、ルールは慣習や良識よりも強制的な手段に頼るようになるのだ。

中央集権的社会は、〈共通の意思の代弁者が統治者である〉との虚構によって支配してきたが、それは個人の主体性を低下させるだけでなく、世論の働きを弱め、無意味なものとする傾向がある。人々全体がまとまって行動するには、公衆の数があまりに膨大であり、たとえ特定の問題を事実そのものに基づき判断しても、実際的な判断などできないであろう。公衆がルールの実効性や新たな提案の妥当性を判断するための検証法については前章で示したが、これは公衆の数が何百万にもなったり、問題がどうしようもないほど互いに絡み合ったりしている場合には、ほとんど役に立たない。このような状況下でデモクラシーや世論の洗練について語っても無意味である。このように途方もなく複雑な状況にあっては、公衆に可能なのは、権力を掌握している現政権と緊密に連携するか、それを批判するかである。それ以外の時は、我慢してその任を果たすには、従順に従うか、巧《たく》みに回避するのが最善と思われる。実際には、社会有機体説は、権力の集中を意味するものだからだ。つまり、一つの目的という考え方が、実際には諸問題で具体化されるのである。そして次には、人は自分たちの目的が挫折するのを受け入れるか、それが嫌なら中央の権力者が、全体のための目的であるかのように力説する目的を、何とか阻止するかしなければならないのである。

第十六章 秩序なき領域

1

中央集権化が進められたこと、社会を擬人化する考え方が広まったこと、このどちらも人々に対し大きな影響力を及ぼした。その危険はよく知られている。それにもかかわらず、あくまでその理論とその実践に固執するなら、人々が誤った信条に惑わされただけとはいえない。

例えば酒類の全国的な製造販売禁止、児童労働に関する改正案、連邦政府による教育の管理、鉄道の国営化といった、中央集権化の重要な法案について、その起草者が困難な点を調べれば、一つの最終的な考えにたどり着くと考えた。彼らの考えによれば、問題の解決には、統制する範囲を全要因に広げる必要があり、そうしないと何も解決できない、というのである。

政権の最終段階で、批判に曝《さら》されたロイド・ジョージ（英国首相）は、右のような意見に訴えかけたのだった。彼は論争術に長《た》けていたが、その言葉の背後には、ある考えが隠されていた。それは、〈大社会《グレートソサイエティ》〉の有する、あらゆる帝国主義的、中央集権的傾向につながる、最大の動機とでもいえるものだった。

「グレイ卿（英国外相）はバルカン諸国に平和を築こうとした。グレイ卿は平和を築いた。しかし、その平和は、ロンドンからバルカンまでの列車の激しい揺れに耐えられなかった。彼がソフィアに着く前に、平和は粉々に砕け散っていた。これはグレイ卿の過失ではない。平和の計画は申し分のないものだったし、目的は素晴らしいものだった。だが、彼にはコントロールできない要因が、存在していたのだ。彼は、トルコが我々の敵として参戦するのを、阻止しようとした。これは非常に重要な問題であった。だが、ドイツの外交手腕に彼は太刀打ちできなかった。彼は、我々の敵としてブルガリアが参戦するのを阻止しようとした。そこでも我々は再びドイツ外交に敗れた。それでも、これまで私はグレイ卿を嘲罵《ちょうば》したことなど決してなかった。今これからも嘲罵しようとも思わない、国際問題の領域に足を踏み入れた時、眼に見えないものがあると、言うのだ。実際、あなたには、それが思い浮かべられないようだ。しかし、人には動かしえない要因というものも存在するのだ、と言いたいのだ[12]」。

ロイド・ジョージなら、内政についても同様の事を言ったかも知れない。内政にも動かしえない要因がたくさんある、と。また、国家「や諸勢力」は国境を護るために領域を広げ、国境を護るためにさらに領域を拡張したように、中央政府は、利権を次々と着実に自分たちの支配下に置いていったのである。

2

民主諸国は、以下のような困難に悩まされている。大多数の同意がないままにルールを制定すれば、不満を招く。だが、やむを得ず同意の原則を無視して、ルールの適用範囲を拡大し、中央集権的な支配を行う以外に、民主諸国には問題の解決策は見出せないだろう。

極度の危機的状況にあっては、必ずこのジレンマが浮かび上がる。デモクラシーのために戦争が行われる可能性があるのだ。戦争自体は民主的に行われることはない。また突然、デモクラシーを前進させるため革命が勃発することもあろう。しかし、その革命を指揮するのは独裁政権だろう。デモクラシーは敵から守らねばならないが、そのデモクラシーは国家安全部局で守られることになる。一九一四年以降の戦争と革命の歴史は、この点を十二分に証明している。脅威が存在し、協調しながら迅速に行動する必要性がある場合、民主的手法が適用できない。

それは十分理解できる。しかし、それほど緊急性がなく、それほど破滅的局面でない場合にも、民主的手法が放棄されることが少なくないのは、なぜだろうか。人々はなぜ平時に、権力の行使を統制する力を自ら奪うような、〈権力の集中〉を引き起こすのか。その回答として、〈平和な時期であっても、特定の問題が存在する場合、その危険性が十分脅威的に思え、人々が手段に関係なく、目の前にある最も安易な方法による解決策を求めるためではないか〉との答えは考えられないだろうか。

極めて重要と思われる争点は、大きく二種類に分類される。そのことは明らかにしうると思う。一つは、国の防衛や国民の安全にかかわる問題であり、もう一つは今日の資本主義の影響に関わる問題である。国民と武装した敵との関係か、〈被雇用者、顧客、農場主〉と大規模産業の関係が、問題になり、［迅速、効果的な］解決策を求める場合には、民主的な手法に対する配慮よりも問題そのものの解決が急がれることがある。

国民国家の出現や、大規模産業の発展に伴い、現代社会のまったく新しい問題が争点として浮上している。こうした問題の解決にはほとんど前例がない。確立された慣習や法も何一つ存在しない。特に国際問題と労使関係の領域は、社会の混乱の二大中心領域になっている。無秩序な状態の蔓延《まんえん》である。恐れるべき軍事力を備えた国民国家や、複雑な経済的圧力を抱えた巨大な企業が、常に個人の安全を脅かしている。同意の原則での何か細かな点に留意するより、何とか相殺したり、阻止したりする方が重要と思われる。

そして国家の脅威に対抗して、近隣諸国はより強力な国民国家を目指した。資本主義の諸勢力を統制するために、巨大な官僚制度の成長を支援した。統制の効かない危険な力に対抗するため、新たな力や機関を設立しようと試みたが、それも同様に巨大で、統制できない力を生み出してしまったのだ。

3

過去には不安定な時期は何度かあったものの、［国際社会では］こうした大規模な勢力の均衡により安全は保たれてきた。一八七〇年から一九一四年の間、世界は均衡状態にあった。やがて均衡状態は崩れ、世界は未だ新しい秩序を見出していない［一九二五年現在］。各国内の諸勢力間のバランスも同様に不安定だった。産業界も、国際情勢も、ルールによって安定し、制度化されるべきだったはずの間にも、バランスを保つことができなかったためだ。時折、ある勢力が他の勢力を抑制する場面が随所で見られたが、各勢力が相互に折り合うことがなかったため、調停の条件が設定され、受け入れられた。

権力によって［別の］権力を牽制し、コントロールする試みは、狙いとしては極めて理にかなったものであった。あらゆる権力は独裁に向かう傾向を有し、それを別の権力によって阻止しなければ、人々の相反する目的を衝突させずにコントロールするのは不可能だ。協議会や、平和的交渉、法や理にかなったルールといった機構はすべてどれも、様々な状況の下で機能するにはそれなりの条件がある。つまり、交渉者の勢力が互いに相殺される場合に限られるのだ。関係者の力が実際に均等なために、相殺されている場合もある。力の弱い方が外国の別の勢力と目に見えない形で結びついているために、相殺されている場合もある。あるいは、内政において、その社会の別の利害関係者と結びついているために、相殺されている場合もある。法が成立するに先立ち、秩序が存在するはずであり、その場合の秩序とは、諸勢力の配列である。

ナショナリストや［左翼の］集産主義者《コレクティヴィスト》に対しては、――結局のところ一種のバランスなのだが――彼らが目指しているのは、持続不可能な力のバランスだ、ということが最も手厳しい批判となるのであろう。多元主義者ならば少なくとも、自分たちの求めているのは、最終的には別の形で実現できるに違いないとか、無数の大規模な力（勢力）のバランスの代わりに、沢山の精緻な力（勢力）のバランスを築く必要がある、と言うことができる。国民は全体で中央集権政府を支えているが、その中央政府も資本主義の全体を制御できるわけではない。一口に資本主義と言っても、［内部には］多数の勢力が存在する。そして各々が異なるグループの人と関わっているのだ。一団となって国民がそれらすべてと対峙しているわけではなく、それらすべてに対処できるわけでもない。我々は、圧力をかけている専断的な権力とも、相殺しうる勢力を見出さねばならないのだが、それにはさまざまなグループの人が関係している。資本主義を実効性のある法の支配下に置くことは、通例の法の制定からすると、全体としては特別な問題ではない。それは、あらゆる工場、あらゆる企業、あらゆる業界の専断的権力をことごとく打ち砕くことであり、産業界を動かしているネットワーク全体を、専断的勢力の支配下から一定のルールの支配下に移すことだ。

各国で見られる無政府状態も同様である。国民のあらゆる行為を国の組織的活動として扱おうとするなら、安定的な力のバランスを形成することはできない。この場合にも［個人・集団・国の］問題の所在の認識での虚構を打ち砕く必要がある。個々の実業家間の争いは、彼らの揉《も》め事《ごと》であって、国の諍《いさか》いではない。争いに際して、公正な裁定を求める権利の正当性を主張する資格は各々有するが、自分たちの動機は愛国心からのものだと主張する資格はない。このようにして私的利害を切り離すことによってのみ、頻発する対立国家間の紛争を徐々に秩序あるプロセスに持っていくことができる。国家間の紛争の多くも、恐らくその大半は、両国民の間で決着がつかなかった沢山の紛争が積み重なったものだろう。本来は私的なものであるこれらの紛争に、愛国的な熱狂状態になることも、石油掘削者と国家全体を混同することもなく、訴訟依頼人弁護士としてではなく裁判官の支持者として政府が対処できるならば、各国政府間の力のバランスはもっと容易に維持できるだろう。国民の支持を求める民間の関係者たちによる疑念を植えつける宣伝工作が行われ、絶えず国の内側からの攻撃に曝されることもないだろう。そして、国際協議を慣例として確立する方針を進める間、政府間の力のバランスが安定すればそれだけで、より長期にわたる平和がもたらされるに違いない。

4

極めて大まかに概要を述べてきたが、これは、デモクラシーの理論を世論の本質により忠実なものとすべく、調整してきた帰結と考える。世論は神の声でも社会の声でもなく、一連の出来事に関心を持つ傍観者の声、と私は考えるに至った。したがって、傍観者の意見は、行為者の意見とは本質的に異なるはずで、傍観者がとりうる行為の種類も本質的に異なるはずだ、というのが私の考えである。公衆には役割があり、主導的立場にある人とは質的に異なる、独自の議論のやり方があるに違いない、と思う。個人的目的を共通の目的の派生物にすぎないと考えるのは、危険な混同に思われるのだ。

私にとってこの社会の概念は、世論に汎神論的《pantheistic powers》［世論を神の声だとして、公共の意見、社会の全体的な意志が、神のような力を持つとする］な力を与えるよりも真実に近く、実際的なものと思える。この考え方は、人はみな共通の目的を持って活動している、との想定に立つものではない。人々は共通の目的の担い手だ、との虚構は否定されている。何ら躊躇《ちゅうちょ》なく、本心から、人々は特定の目的の担い手と見なすことができる。人はそれぞれ別の特別な目的を持つ他の人々と、同じ世界で生きていかざるを得ないのだ。社会には調整が必要であり、最良の社会とは、人々が最大限、目的を実現できる社会である。他者の目的に対して自分の態度を明確にする時、人は公衆の一人として行動している。そして、彼らがこの役割を遂行する目的は、独自の目標を想い描ける状況を推進することである。

これは誰よりも、直接関与する個々人に期待する考え方である。個々の人間が着手し、実施し、解決するのだ。そうすることにより、無知でお節介な部外者が干渉する余地は、最小限になる。この考えからすると、公衆が問題に介入するのは、調整不能な危機に陥った時であり、それは、問題を解決するためではなく、調整を妨げている専横的勢力を無力化する場合に限定される。これは公衆の一員として人々が注意を向けるのを有効に利用しようとの考えだが、同時に、うまく対処できない問題についてては、できるだけ何もしないよう、公衆に求める。この見解では、人が公衆として活動する範囲と役割を、遂行可能な役割、あらゆる社会不安の中で最も関心のあるものに限定する。混乱の鎮静化に役立つ可能性のある場合に介入を限定し、その結果、彼は自分の問題に立ち戻ることができるようにするのだ。

つまり、最大の関心事である自分たちの固有の問題に従事するということだ。個人は私事に労力をつぎ込むことにより、生活が向上するのだ。私は、世論や大衆の行動によってできることを、特に重要なことと思ってはいない。

5

私には示しうる提案も、唱えうる新しい制度もあるわけではない。今日のデモクラシーの理論は測り知れないほど混乱しており、その混乱がデモクラシーの活動を妨げ、ゆがめているように思われる。私は、誤った価値観は、経験から得た教訓に反し、固定観念に向かいやすいとの信条から、幾つかの混乱を批判してきた。あるがままの世論について考えることを学び、世論がこれまで考えていたように、見せ掛けの力を持つものではないと知った時、一体どうなるのか、私には分からない。ベンサムの言葉に賛同し、次のように理解していれば十分だろう。

「困ったことに曖昧な議論は、……散漫で理解し難いのに、感情を刺激し、扇動する」。

原注（第三部）

1 John Maynard Keynes, *A Revision of the Treaty*, p. 4.

2 ウィリアム・ワートへの手紙。John Sharp Williams, *Thomas Jefferson*, p.7 より引用。

3 Harold J. Laski, *Studies in the Problem of Sovereignty*, p. 24.

4 Kenneth Macgowan, *The Theatre of Tomorrow*, pp. 249-50.

5 *Faust*, Part II, Act v, scene 3.

6 Dibblee, *The Laws of Supply and Demand*. B. M. Anderson, Jr. が引用した。*The Value of Money*, p. 259.

7 B. M. Anderson, Jr., *The Value of Money*, p. 251.。

8 同書。

9 Werner Lombart, *The Quintessence of Capitalism*, pterVII と比較。

10 拙著 *Public Opinion*, Chapters XVI and XVII と比較。

11 J. Charles Brun, *Le Regionalisme*, pp.13 以降に便利な形で記されている。Walter Thompson, *Federal Centralization*, Chapter XIX も比較。

12 マンチェスターにおける演説（一九二二年一〇月一四日）。

訳者あとがき

本書は、Walter Lippmann, *The Phantom Public.* with a new introduction by Wilfred M.McClay (Transaction Publishers, 1993) の翻訳である。なお、原書は一九二五年出版である。

リップマンについては、すでに多くの論文、書籍が出版されており、略歴や解説は割愛した。本書で詳細な序文を書いたのは、ウィルフレッド・M・マクレイである。彼は、著名な米国の歴史学者であり、ジョージタウン大学、ジョンズ・ホプキンス大学などで教鞭をとり、現在は、ウッドロウ・ウィルソン国際研究センターにて活動している。米国の政治と歴史に精通した人文学の第一人者であると同時に、米国の教育と文化に貢献した一人でもある。彼の序文は、学際的視点から、難解なリップマンの文章、時代背景を刻明に俯瞰しており、本書読了後に非常に役立つものである。また、この序文を読んでいただければ、リップマンの功績がメディア学、政治学、社会学のみならず、多方面に多大な影響を与え続けた当時の様子をうかがい知ることができるだろう。

翻訳作業では、当初一世紀近く前の英文であることを考慮に入れつつ、原書にできるだけ忠実に訳す作業を進めていた。しかし、他の翻訳書もそうだと思われるが、読者にとってわかりにくい部分は原文をあえて改訳した箇所がある（巻頭凡例参照）。リップマンは隣接する社会科学、人文科学にも造詣が深く、当時の専門用語を可能な限り紐解きながら翻訳作業をすすめた。

これまで、数え切れない程のご指導とご協力を頂いた。まず、教育、研究の分野に導いて頂いた故楠精一郎先生（東洋英和女学院大学元教授）、故堀江湛先生（慶應義塾大学名誉教授）、及び諸先輩教授の皆様に感謝申し上げたい。また、慶應義塾大学院講義において社会学をご指導いただいた故富永健一先生（東京大学元名誉教授）には、パーソンズ、ルーマンの社会システム理論、コールマンなどをご教示いただき、悪戦苦闘しながらも原書を読解し深く学べたことを、今でも鮮明に思い出す。三人に共通しているのは、常に穏やかな眼差しと笑顔で学生に接しながらも、学問には鋭く、厳しかったという点であった。三田の大学院で学べたすべての時間と出会いは、本書の学問的礎《いしずえ》となっている。

そして、原書をご紹介頂いた加藤秀治郎先生（東洋大学名誉教授）と、ドナルド・R・キンダー著『世論の政治心理学——政治領域における意見と行動』（世界思想社）を翻訳された加藤祐子氏には多大なるご指導とご助言を頂いた。深く感謝申し上げます。学内（平成国際大学）では、三〇年以上にわたり学問のみならず公私にわたりご指導を頂いている石上泰州法学部長をはじめ、すべての教職員に感謝申し上げます。

なお、本書は、令和五年度平成国際大学出版助成を受けた書籍である。

その他にも、今回の翻訳作業にアドバイス頂いた日向貴彦氏（Bloomberg）、キャサリン・ジドニス先生（本学教授）、米国政治に詳しい和田修一先生（本学名誉教授）に同じく感謝申し上げたい。ただし、翻訳に関する全責任は、翻訳者にあることを申し添えておきたい。

刊行に当たっては株式会社一藝社代表取締役社長小野道子氏にいろいろとご配慮をいただき、編集については松澤隆氏にご担当頂いた。長期間にわたる丁寧な出版作業にお礼申し上げます。

また、慶應義塾大学メディアセンターＫＯＳＭＯＳによって、一世紀以上前の原書を読める環境は、旧図書館の厖大な書籍とともに心強い味方であった。

最後に、根気強さのいる翻訳作業整理を持ち前のラガーマン精神で手伝ってくれた孝仁（塾生）と、コロナ禍以降の激務をこなしてくれている妻に感謝する。

二〇二三年一一月　原書出版一〇〇年を前に

佐々木 孝夫

【著者紹介】

ウォルター・リップマン（Walter Lippmann, 1889-1974）

アメリカ合衆国の著述家、ジャーナリスト、政治評論家。

ピューリッツァー賞を２度受賞。

現代ジャーナリズムの父（Father of Modern Journalism）」と評されている。

『New Republic』誌創刊編集者。

［代表作］
Public Opinion, (Harcourt, 1922)：掛川トミ子訳『世論』上・下（岩波書店［文庫］、1987 年）、*The Public Philosophy* (Hamilton, 1955)：小林正弥監訳『リップマン 公共哲学』（勁草書房、2023 年）他。

【訳者紹介】

佐々木 孝夫（ささき・たかお）

1968 年生まれ。慶應義塾大学大学院法学研究科修了。

平成国際大学法学部教授。

慶應義塾大学（非）他、講師兼務経歴有り。

装丁――アトリエ・タビト

幻想《げんそう》の公衆《こうしゅう》　リップマン

2023年12月25日　　初版第1刷発行

著　者　　ウォルター・リップマン

訳　者　　佐々木 孝夫

発行者　　小野 道子

発行所　　株式会社 一 藝 社
〒160-0014 東京都新宿区内藤町1－6
TEL 03-5312-8890
FAX 03-5312-8895
振替　東京 00180-5-350802
E-mail : info@ichigeisha.co.jp
HP : http://www.ichigeisha.co.jp
印刷・製本　　モリモト印刷株式会社

ISBN 978-4-86359-278-0 C3030